आत्म-विकास की यात्रा

तनाव का प्रबंधन

संजय गुप्ता

Made with ❤ on the Notion Press Platform
www.notionpress.com

क्रम-सूची

क्रम-सूची

भूमिका

जीवन में हमें तमाम परेशानियों का सामना करना पड़ता है कुछ वो जो अनजाने में आती है और कुछ वो जो हालात पैदा करते है या कुछ जो अपने आप बन जाती है। हम नहीं जानते कि ऐसा क्यों है या किस कारण से ये सब हो रहा है। हाँ, ये जरूर है कि ये सब सवाल अपने जबाब मांगते है जो वास्तव में हम नहीं दे सकते, हम इन सवालों में उलझ कर रह जाते है, कोई दृष्टि प्रदान नहीं होती, जो इस सवालों को हल करने का कोई सूत्र प्रदान कर सके।

इन्ही सब सवालों में से कुछ प्रश्नों का उत्तर ढूढने के लिए भागवत गीता का अध्ययन करने पर एक नई दृष्टि मिलती है, जो जीवन के परिपेक्ष्य को बदलने वाली है यही नहीं भागवत गीता, कुछ सूत्र भी बताती है जो सवालों के जबाब ढूढने में मदद करती है। भागवत गीता यह नहीं कहती कि जीवन एक गुलाब के फूल की तरह सुन्दर है बल्कि सच्चाई को बयां करती है कि यह तमाम उतार चढ़ाव से भरा पड़ा है। भागवत गीता वास्तव में इस उतार चढ़ाव से भरे जीवन को एक दृष्टि प्रदान करती है तथा अंत में मन के शांति की खोज को आसान बनाती और इस प्रकार हम स्वयं को पहचानने की यात्रा पर निकलते है। क्योकि आत्म विकास की यात्रा में हम उसकी बात नहीं करते है जो दिख रहा है, जो देख रहा है हम उसकी बात करते है। हम बाहर के जगत की नहीं, भीतर के जगत की बात करते है, इसलिए भीतर को जाने बगैर मनुष्य के दुख, भय, शोक और भ्रम का कोई अंत नहीं हो सकता।

इसलिए भागवत गीता मनुष्य को सत्य और सुख की खोज का उत्तर प्रदान करता है। भगवत गीता मनुष्य के द्वारा दुख से, भय से, बंधन से मुक्ति के लिए निरंतर किए जा रहे संघर्ष का उत्तर देता है। भागवत गीता मनुष्य के भीतर उमड़ रही विडंबनाओं विरोधाभास और जीवन में उठकर नित्य नए प्रश्नों का उत्तर देता है। इसलिए यदि स्वयं को समझना है तो भागवत गीता एक अनिवार्य विषय बन जाता है क्योंकि उसका संबंध आपके स्वयं से है।

कौन है आप ? क्या है आपके अमूल्य और अद्भुत जीवन का उद्देश्य ? जैसे प्रश्न भी इन्ही सब के गर्भ में छिपे है।आइये जीवन में उठ रहे इन प्रश्नों में से कुछ के उत्तर भागवत गीता के अनुसार ढूढने का प्रयास करते है।

1

जीवन में तनाव

आज का समाज 25 साल पहले की तुलना में ज्यादा भौतिकवादी तथा उपभोक्तावादी हो गया है। यह हमारे चारों तरफ फैले माल तथा शॉपिंग कंपलेक्स की संख्या से आसानी से जाना जा सकता है। दो पहिया वाहनों की संख्या में तेजी से बढोत्तरी , नए-नए अपार्टमेंट की संख्या में होती बढोतरी तथा साथ ही नई-नई तरह की सेवा प्रदाता कंपनी भी आ गई है। जो भौतिक सुख सुविधाएं बढ़ा कर उपभोक्तावाद को बढ़ावा ही दे रही है।

इतना भौतिक विकास होने के बावजूद मानव मन में शांति एक बड़ी चुनौती है। जो वर्तमान में समाज की एक बड़ी समस्या है। हर कोई बहुत सुख का आधिक्य होने के बावजूद अत्यधिक तनाव तथा हताश में रह रहा है। बड़े उम्र के लोगों की ही तरह अब इसका प्रभाव तेजी से बच्चों में भी बढ़ रहा है। चिकित्सा में आधुनिक तकनीक की प्रगति के बावजूद यह सारे आंकड़े बढ़ते जा रहे हैं। उच्च रक्तचाप और मधुमेह जैसी बीमारियां ठीक होने का नाम ही नहीं ले रही है जो तनाव जनित बीमारियां है। इसके उपचार के लिए आजकल ज्यादातर लोग योग शिविर , स्पा सेंटर इत्यादि में जा रहे हैं , रात में दवाइयों का सेवन करते है। उपर्युक्त समस्या का कोई निश्चित समाधान आधुनिक चिकित्सा में नहीं मिल पा रहा है।

अब यहां एक बुनियादी सवाल आता है कि वर्तमान में हम जो जीवन जी रहे हैं क्या वास्तव में वह एक व्यक्ति को जीवन जीने में सक्षम

बनाता है ? हमारी दुर्दशा के लिए कौन जिम्मेदार है ? क्या कोई सरल विचार है जिसका अनुसरण करके हम जीवन में पूर्णता की भावना प्राप्त कर सकें ?

आइये इस मुद्दे पर हम भारतीय प्राचीन विद्या के ग्रंथो से समझने का प्रयास करते हैं तो कुछ सुझाव हमें प्राप्त होते हैं जो हमारे पूर्वज मनीषियों ने दिए थे।

द्वंदों की दुनिया

इस पहलू को समझने के लिए हमें पीछे हटने और यह देखने की जरूरत है कि हमारे जीवन में कितनी घटनाएं जो हममें से कई लोगों के लिए तनाव और कम मनोबल पैदा करती हैं। किसी भी घटना के दो ही परिणाम होते हैं या तो सफलता या असफलता , अच्छा या बुरा , दोस्त या दुश्मन , खुशी या उदासी , ऊपर या नीचे , उच्च या निम्न - यह सूची बहुत लंबी है। अर्थात हम सभी द्वंदों की दुनिया में रह रहे हैं यह द्वैत की सूची अंतहीन है।

साधारण लोग जीवन के खींचतान और धक्का मुक्की में ऐसे बह जाते हैं जैसे समुद्र में बिना कप्तान का जहाज तेज हवा के झोंके से इधर-उधर उछलता रहता है। जब बच्चों को परीक्षा में पहली रैंक नहीं मिलती तो बच्चों के माता-पिता काफी तनाव से गुजरते हैं , साथ ही बच्चा भी काफी तनाव से गुजरता है। हमें हमेशा बताया जाता है कि जीवन में हर चीज अच्छी होनी चाहिए इस विचार के आसपास हम उम्मीदों का निर्माण करते हैं यह कहने में अच्छा लगता है। परंतु जब इस रास्ते पर चलते हुए हम खुद को अपने लक्ष्य से विचलित पाते हैं तब यह हम में काफी मनोवैज्ञानिक तनाव पैदा करता है।

व्यावसायिक संगठनों में हर किसी को यह विश्वास दिलाया जाता है कि तिमाही दर तिमाही आधार पर कंपनी के वितीय परिणाम बेहतर होने चाहिए और इससे कोई भी विचलन संगठन में काम करने वाले अधिकारियों के मन में भारी तनाव पैदा करता है।

वास्तव में वास्तविकता के बारे में हमारी समझ इतनी कृत्रिम है कि जीवन में थोड़ी सी भी निराशा या असफलता के लिए हमें विशेषज्ञ की मदद, मनोवैज्ञानिक परामर्श , नींद की गोलियों के उपयोग आदि

की आवश्यकता पड़ती है यह हमारे जीवन को समझने की अक्षमता का संकेत है जो कि हमारे सामने हर पल मौजूद रहता है।

जीवन जीने का मूल सिद्धांत

हर व्यक्ति में द्वंदों की दुनिया को समझने की क्षमता में अंतर , एक महत्वपूर्ण तथ्य है , इसलिए भगवान कृष्ण ने गीता में अर्जुन को उपदेश दिया कि

अध्याय 2 / 14

मात्रास्पर्शास्तु कौन्तेय शीतोष्णसुखदुःखदाः।
आगमापायिनोऽनित्यास्तांस्तितिक्षस्व भारत।।

हे कुंती नंदन! इन्द्रियों के जो विषय (जड पदार्थ) हैं, वो तो शीत (अनुकूलता) और उष्ण (प्रतिकूलता) - के द्वारा सुख और दुःख देनेवाले हैं तथा आने-जाने वाले और अनित्य हैं। हे भरतवंशोद्भव अर्जुन! उनको तुम सहन करो।

भगवान कृष्ण के अनुसार जीवन एक रोलर कोस्टर की सवारी है। हम में से हर एक विभिन्न अवसरों पर जीवन के उतार चढ़ाव का सामना करेगा ही। जब तक हमारी इंद्रियां सक्रिय हैं तथा हमारा दिमाग इन इंद्रियों के माध्यम से लगातार संकेत को ग्रहण करता रहेगा , हमारा मस्तिष्क लगातार प्राप्त सूचनाओं के हर गतिविधियों परिणामो लाभों और हम पर प्रभाव को , विशुद्ध रूप से द्वंदों की दुनिया के दृष्टिकोण से संसाधित करने के लिए प्रशिक्षित होता रहेगा। उदाहरण के लिए महाभारत के युद्ध में अर्जुन के लिए , युद्ध में जीत और हार के परिणाम का द्वंद , परिणाम से उत्पन्न लाभ और हानि का द्वन्द और लाभ और हानि से उत्पन्न सुख और दुख का द्वन्द। ऐसे ही द्वन्द हमारे जीवन में भी है।

भगवान कृष्ण ने अर्जुन को इन गतिविधियों उनके परिणाम और लाभों के इस द्वंद अर्थात विपरीत पहलुओं को देखने पर जोर दिया और कहा कि यह संसार की समस्त गतिविधियां आने-जाने वाली मिलने बिछड़ने वाले हैं। मनुष्य यह चाहता है कि सुखदाई परिस्थितियों बनी रहे और दुखदाई परिस्थितियों न आये। परंतु यह दोनों स्थिति अनित्य है यह प्राकृतिक नियम है।

निरंतर परिवर्तनशील स्थिति में स्थिरता देखना भूल है और इस भूल से ही ममता और कामना उत्पन्न होती है। देखने में ऐसा लगता है की वस्तु मुख्य है और उसके अंदर हो रही क्रिया गौण है परंतु वास्तव में प्राकृतिक नियम के अनुसार क्रिया ही क्रिया है वस्तु गौण है अर्थात वस्तु है ही नहीं।अब भगवान आगे कहते हैं कि है अर्जुन तू इनको सहनकर अर्थात यह जो अनित्य है इसको जानकर तीतिक्षा भाव में आ जा। इस अनित्य को काबू में करने की योग्यता तथा भावना विकसित करे ।

इसी को आगे स्पष्ट करते हैं -

अध्याय 2 / 38

<blockquote>
सुखदुःखे समे कृत्वा लाभालाभौ जयाजयौ।
ततो युद्धाय युज्यस्व नैवं पापमवाप्स्यसि।।
</blockquote>

अर्थात जय पराजय हानि लाभ और सुख-दुख को समान करके फिर युद्ध में लग जा। इस प्रकार युद्ध करने से तू पाप को प्राप्त नहीं होगा। यह तीतिक्षा भाव है जो सबको (गतिविधि , परिणाम और लाभ) समान समझकर , अनित्य जानकर कर्म में लग जाना। द्वैत की दुनिया की दो विशेषताएं हैं - प्रकृति में यह अस्थाई है और प्रभाव में क्षणभंगुर है।

इसलिए भगवान कृष्ण अर्जुन को इस पर काबू पाने की भावना विकसित करने की सलाह देते हैं। इसी को तीतिक्षा के नाम से जाना जाता है। उपर्युक्त श्लोक में भगवान व्यवहार में परमार्थ की कला बताते हैं सिद्धि-असिद्धि में सम (तटस्थ) रहकर निष्काम भाव से अपने कर्म का निष्पादन करना।

तीतिक्षा की भावना विकसित करना एक महत्वपूर्ण सिद्धांत है। यह हमें उच्च स्तर के यथार्थवाद के साथ हमारे आसपास की घटनाओं को समझने की दृष्टि प्रदान करने में मदद करता है। यह हमें जीवन के उतार-चढ़ाव का सामना करने के लिए मानसिक साहस प्रदान करता है। इससे भी महत्वपूर्ण बात यह हमें संतुष्ट जीवन जीने के ज्ञान को विकसित करने में मदद करता है और इन सबसे विशेष महत्वपूर्ण यह चीजों को स्वीकार करने के लिए विनम्रता विकसित करने में मदद करता है।

वर्तमान दृष्टिकोण की दुनिया केवल सफल लोगों की है इस दृष्टिकोण को चुनौती देने की आवश्यकता है। हमें खुद को याद दिलाने की जरूरत है कि सफल होने के लिए क्षमताओं को विकसित करना बहुत उपयोगी है। सफलता और असफलता की दुनिया को पार करने के लिए क्षमताओं को विकसित करना वास्तव में महत्वपूर्ण और मूल्यवान है , यही जीवन में मन की शांति की खोज के पीछे का रहस्य है।

2

काम और तनाव

जब आप कहीं सामाजिक सभा या मंदिर में जाते हैं और वहां पर लोगों की आपस की बातचीत को ध्यान से सुनेंगे कि वे क्या बात कर रहे हैं , तो आपको पता चलता है कि सभी चर्चाओं में एक सामान्य विषय है और वह है भारी तनाव के बारे में , जो प्रतिदिन उनके काम के दौरान आता है । क्या यह एक सार्वभौमिक सत्य है की काम हमेशा बहुत तनावपूर्ण होता है ? इस तनाव के पीछे का क्या कारण है ?

यह कुछ प्रश्न हम सभी के दिमाग में आते हैं हमें इस मुद्दे को कुछ स्पष्टता से समझना होगा। दूसरी तरफ कभी-कभी लोगों की बातचीत से पता चलता है कि " मैं उस काम में इतना खो गया कि समय का पता ही नहीं चला " इस तरह के कार्य कभी भी तनाव नहीं पैदा करते हैं। इसलिए हमें इन दोनों के अंतर को समझना आवश्यक है।

अब आते हैं प्रश्न पर - हम काम में तनाव का अनुभव क्यों करते हैं ?

कार्य की प्रवृत्ति चाहे जो भी हो प्रत्येक कार्य को पांच तत्वों द्वारा चित्रित किया जा सकता है :-

1. एक उद्देश्य 2. एक कर्ता 3. संसाधन 4. एक लक्ष्य 5. परिणाम

उदाहरण के लिए परीक्षा को लेते हैं - परीक्षा के लिए छात्र का उद्देश्य परीक्षा को पास करना है , कर्ता छात्र है , संसाधन परीक्षा की तैयारी है , लक्ष्य 95% अंक प्राप्त करना है और परिणाम 95% अंक से पास होना।

हालांकि यह प्रथमतः सामान्य मुद्दे दिखाई पड़ते हैं। परंतु काम और तनाव के बीच मजबूत संबंध वह हमारे दिमाग में लक्ष्य और परिणाम के बीच में बनता है हालांकि कार्य के लिए लक्ष्य निर्धारित करना कोई गलत नहीं है आखिरकार यह उस प्रयास के लिए सन्दर्भ बिंदु का काम करते हैं जिसे हम प्राप्त करना चाहते हैं।

तब समस्या कहां है ?

समस्या है हमारी विकासशील और काल्पनिक अपेक्षाओं में - कि हम लक्ष्य को 100 % पूरा पूरा करेंगे । इसके अलावा विरासत में हमें एक मानसिकता (Mindset) मिली है जो यह कहती है कि लक्ष्य से कम प्राप्त करना एक अपराध है। इस उदहारण में छात्र परिणाम के आसपास अपेक्षाओं को विकसित करता है और दृढ़ता से विश्वास करता है कि अंततः वह 95% प्राप्त करेगा।

संगठनात्मक नेता और सीईओ भी यही मानसिकता विकसित करते हैं और उम्मीद करते हैं कि उनके अधीनस्थ लक्ष्य के अनुसार ही कार्य करेंगे। माता-पिता और बच्चे में भी जीवन के लक्ष्य के प्रति यही भाव होता है। यदि आप 6 घंटे की अच्छी नींद के उद्देश्य से सोने की कोशिश करें और इस परिणाम को प्राप्त करने का कार्य करें तो आपको अच्छी नींद नहीं आएगी। आपका दिमाग यह पता लगाने की बहुत मेहनत करेगा की 6 घंटे की अच्छी नींद कैसे सुनिश्चित की जाए और इस प्रक्रिया में आप थक जाएंगे और हो सकता है कि कुछ समय बाद आपका विश्लेषणात्मक और परिणामोत्मुखी मन थक जाए और आप गहरी नींद में चलेगा।

इससे यह स्पष्ट होता है कि परिणाम और उम्मीद के बीच का गहरा संबंध तनाव पैदा करने में एक बड़ा खलनायक है। और इसके परिणाम स्वरुप कुछ दुष्प्रभाव निम्न होंगे -

- हर पल हम लक्ष्य तक पहुंचाने या व्यर्थ की संभावना के बारे में चिंता करना शुरू कर देंगे संभावित विफलताओं से प्रेरित होकर आवश्यक प्रयास नहीं करेंगे

- हम साधन के बजाय परिणाम पर अत्यधिक ध्यान प्रेरित करेंगे जैसे आधुनिक काल में प्रबंधक प्रदर्शन करने के बजाय प्रदर्शन की रिपोर्ट पर ज्यादा ध्यान करते हैं

- प्रदर्शन रिपोर्ट के प्रबंधन में अच्छा करने के लिए प्रक्रिया अभिविन्यास (Process Orientation) को हम छोड़कर परिणाम अभिविन्यास (Result Orientation) की तरफ मुड़ जाते हैं

- इस कारण किसी भी कीमत पर परिणाम प्राप्त करना ही मुख्य सिद्धांत बन जाता है इसके लिए शॉर्टकट और गलत रास्तों का भी सहारा लेते हैं

- परिणामात्मक सोच मौलिक रूप से अवैज्ञानिक है। काम हमेशा वर्तमान समय में होता है और परिणाम हमेशा भविष्य के गर्भ में होता है

परिणाम के बारे में चिंता करना और परिणाम के बारे में लगातार सोचना " सपने देखने " के समान है इसलिए हम वर्तमान की गतिशीलता से बचते हैं और भविष्य में चले जाते हैं। इस प्रकार हमारा विचलित मन किस प्रकार सर्वश्रेष्ठ प्रदान कर सकता है ?

गीता में परिकल्पित कार्य

भागवत गीता में भगवान कृष्ण ने इस समस्या के लिए एक प्रत्योषध प्रदान करते हैं और यह सुझाव देते हैं कि - कार्य और परिणाम को अलग-अलग करने से इस समस्या का समाधान हो जाएगा। गीता के अनुसार काम करने के चार पहलू है -

1. आप जो काम करते हैं उसके संबंध में आपके पास नियंत्रण का कुछ स्थान है

2. लेकिन कर्म के फल पर नियंत्रण नहीं होता है

3. कर्म के फल के मूल पर नियंत्रण का कोई स्थान नहीं है

4. अंत में बिना कोई काम किये समाज में रहने का अधिकार नहीं।

अध्याय 2 /47

कर्मण्येवाधिकारस्ते मा फलेषु कदाचन।
मा कर्मफलहेतुर्भूर्मा ते सङ्गोऽस्त्वकर्मणि।।

अर्थात कर्म करने में ही तेरा अधिकार है फल में कभी नहीं आता है तू कर्म फल का हेतु भी मत बन और तेरी कर्म न करने में भी आसक्ति न हो। अर्थात करना मनुष्य के अधीन है और होना प्रारब्ध अथवा परमात्मा के अधीन है।

यह स्पष्ट रूप से निर्देशित करता है कि प्रक्रिया अभिविन्यास रखें तथा परिणाम के साथ जो पूर्व अभ्यास है उसे तोड़ दें। जब आप प्रक्रिया अभिविन्यास में होंगे तो आप काम में खो जाएंगे और इस प्रकार दक्षता और प्रेरणा की प्रारंभिक पारंपरिक बढ़ाएं टूट जाती हैं और व्यक्ति असाधारण प्रदर्शन करता है।

शायद हमारे पूर्वज ऋषियों , वर्तमान में नोबेल पुरस्कार विजेताओं या महान वैज्ञानिकों या दूरदर्शी नेता ने अपने समय के कई साल ऐसे ही बीते होंगे। यह मानव जाति के लिए अज्ञात या संभव विचार नहीं है। जब हम जीवन में कुछ दिलचस्प करते हैं तो समय का पता नहीं चलता कि समय कैसे बीत गया। यह हमारी अभ्यास करने की क्षमता का एक अच्छा संकेत है जिसमें हम सिर्फ और सिर्फ कर्म करते हैं।

हमें करना क्या है ?

हमें अपने चित को इस प्रक्रिया अभिविन्यास के लिए प्रशिक्षित करना है इसका लाभ सभी का होगा व्यक्तिगत और समष्टिगत। इन सबसे ऊपर काम से संबंधित तनाव अतीत की बात बन जाएगा। भगवान कृष्ण हमें इस मनः स्थिति में स्थापित करने के बारे में निर्देशित करते है ।

3

परिस्थितियों का दास

हम में से हर एक को अक्सर दैनिक जीवन में एक आम समस्या का सामना करना पड़ता है। यह हमारे घर या कार्यालय में कठिन परिस्थितियों को संभालने में हमारी असमर्थता से संबंधित है। कभी बास का कार्य से नाखुश होना , कभी सहयोगी के साथ बैठक में गरमा गरम बहस होना जिसमें शालीनता की सारी सीमा पर हो जाना एक दूसरे पर चिल्लाना , घर पर अपने पिता से कभी-कभी सामान्य मुद्दे पर तर्क करना और तर्क वितर्क के दौरान सभी हदों को पार कर जाना और संबंधों में खटास लाना , कभी-कभी हम अपने ऑफिस के गुस्से को बच्चों पर डांटकर निकालना और गैर महत्वपूर्ण मुद्दे पर बच्चों को भला - बुरा कहना आदि आदि।हममें से बहुत लोग अक्सर समय-समय पर इस व्यवहार का प्रदर्शन करते हैं और जब यह समय कुछ देर के बाद बीत जाता है तो अपने इस प्रकार के व्यवहार पर पश्चाताप करते हैं। क्या कोई तरीका है जिससे हम अपने इस कमजोरी को संभाल सकते हैं ?

भागवत गीता में भगवान कृष्ण इस मुद्दे पर कई विचार और सलाह देते हैं जो हमारे लिए अपनी जांच करने में सहायक है। भगवान कृष्ण ने अध्याय 2 में स्थितप्रज्ञ की धारणा को समझाया और अर्जुन कं स्थितप्रज्ञ व्यक्ति के व्यवहार के बारे में बताया। इस अध्याय के अंतिम 18 श्लोक में इस अवधारणा का विस्तृत वर्णन मिलता है।

स्थितप्रज्ञ : व्यावहारिक प्रासंगिकता

वर्तमान समय में हम सभी अलग-अलग कर्मों में संलग्न है। कुछ संगठन के उच्च पदों पर कार्यरत है ,कई लोग प्रबंधन की परिकल्पना को साकार करने के कार्य में लगे हैं , कुछ लोग पृष्ठभूमि में रहकर महत्वपूर्ण गतिविधियों के सफल निष्पादन के लिए शांतिपूर्ण तरीके से अपना योगदान दे रहे हैं यह सभी प्रकार के संगठनों पर लागू होता है , चाहे वह सार्वजनिक क्षेत्र हो या प्राइवेट क्षेत्र।

हम चाहे जिस पद पर हैं या हम जिस भी प्रकृति का कार्य कर रहे हैं कार्य की सफलता और संतुष्टि हमारे कार्य पर केंद्रित करने की क्षमता पर निर्भर करती है। यह स्थितप्रज्ञ होने का गुण है।

ध्यान केंद्रित करना क्यों महत्वपूर्ण है ?

एकाग्रचित्तता मन को शांत करने का अच्छा तरीका है अन्यथा मन बाहर के आने जाने वाले संकेतों से विचलित होता रहेगा और उन संकेतों का जवाब देने में ही संलग्न रहेगा। उदहारण के लिए यदि हमें अपने कार्य स्थल पर कोई लक्ष्य पूरा करना है तो उसे पूरा करने का अच्छा तरीका है ध्यान केंद्रित कर आवश्यक कार्य को करना।

कल्पना करें अपनी दुर्दशा की - जब हम अपने आसपास के अन्य सभी लोगों को सुनना या ध्यान देना शुरू करते हैं तो उन लोगों के पास समस्याओं और असफलताओं के बारे में बताने के लिए कई चीज हो सकती हैं जो हमारे दिमाग को उत्तेजित करेगा हमारे चित्त की एकाग्रता को बाधित करेगा तथा हमारे कार्य को प्रभावित करेगा। मन सभी इंद्रियों को सक्रिय तथा ज्यादा से ज्यादा जानकारी इकट्ठा करने के लिए अधिक कार्य करेगा। जल्दी यह भय और मानसिक तनाव को दिमाग में विकसित कर देगा। क्योंकि असफलता की संभावना एक वास्तविक संभावना के रूप में दिखाई देगी और अंत में हम कार्यालय में अपने साथी सहयोगियों या घर के सदस्यों पर चिल्लाकर अपने कुंठा को बाहर निकलते हैं। विचलित मन वाला छात्र भी इसी तरह की समस्या से गुजरता है जिसका परिणाम उसका खराब प्रदर्शन में परिणित होता है।

भगवान कृष्ण ऐसे विचलित मन की तुलना समुद्र के बीच में एक नाव से करते हैं जो तेज हवाओं द्वारा इधर -उधर जा रही है स्वाभाविक रूप ऐसी नाव दिशाहीन होती है और हवा के बल के आधार पर एक लहर

से दूसरे लहर के बीच चलती जाती है।

अध्याय 2 /67

इन्द्रियाणां हि चरतां यन्मनोऽनुविधीयते।
तदस्य हरति प्रज्ञां वायुर्नावमिवाम्भसि।।

अर्थात अपने-अपने विषयोंमें विचरती हुई इन्द्रियोंमेंसे एक ही इन्द्रिय जो मनको अपना अनुगामी बना लेती है, वह अकेला मन जलमें नौकाको वायुकी तरह इसकी बुद्धिको हर लेता है।

दूसरी तरफ स्थितप्रज्ञ व्यक्ति का मन शांत होगा शांत मन वाला बाहरी स्थिति को नियमित नियंत्रित तरीके से जवाब देने में सक्षम होगा , जो उसके ध्यान को अंदर की तरफ मोड़ने में मदद करेगा। और इस प्रक्रिया के फल स्वरुप व्यक्ति ज्यादा विचारशील मौन और रचनाशील होगा। ऐसा व्यक्ति अपने इंद्रियों पर नियंत्रण नहीं खोएगा और परिस्थितियों का शिकार होने से बच जाएगा।

इसका अभ्यास कैसे करें ?

क्या कोई ऐसी तकनीकी है जिसका अनुसरण करके हम इस जाल में फ़सने से बच सकते हैं ? भगवान कृष्ण ने एक सरल विधि बताया है जिसके द्वारा हम अपने जीवन में ऐसी स्थितियों से बच सकते हैं।

भगवान कृष्ण कहते हैं

अध्याय 2/58

यदा संहरते चायं कूर्मोऽङ्गानीव सर्वशः।
इन्द्रियाणीन्द्रियार्थेभ्यस्तस्य प्रज्ञा प्रतिष्ठिता।।

जिस तरह कछुआ अपने अंगों को सब ओर से समेट लेता है, ऐसे ही जिस काल में कर्मयोगी इन्द्रियोंके विषयों से इन्द्रियों को सब प्रकार से समेट लेता (हटा लेता) है, तब उसकी बुद्धि प्रतिष्ठित हो जाती है।

यहां पर भगवान कछुए का उदाहरण देते हैं कि जिस प्रकार कछुआ अपने अंगों को समेट लेता है खतरे का आभास होने पर। उसी प्रकार मनुष्य को भी स्थिति आने पर इंद्रियों को समेट लेना चाहिए ताकि बुद्धि अर्थात प्रज्ञा प्रतिष्ठित यानी प्रज्ञावान हो सके।

हम अपनी इंद्रियों को नियंत्रित करने में असमर्थ होने के कारण स्थिति का शिकार हो जाते हैं। अतः भगवान कृष्ण सुझाव देते हैं कि

जिस क्षण हमें लगे कि स्थिति नियंत्रण से बाहर हो रही है हमें अपने इंद्रियों को वापस लेने की जरूरत होती है। इस प्रकार प्रशिक्षण कर , मन को ठीक करना होगा , ताकि परिस्थिति आने पर बुद्धि प्रतिष्ठित हो सके।

इसका अर्थ यह है कि यदि अप्रिय की स्थिति के दौरान प्रतिक्रिया में देरी की जाए तो कुछ छण के उपरांत हमें 80 से 90 % समस्याओं का समाधान हो जाएगा। इसके बाद अपने कार्य के लिए पछतावा नहीं होगा , अनावश्यक मानसिक तनाव और अविश्वासनियता से बच सकते हैं।

व्यावहारिक रूप से इसे लागू करने के लिए सिर्फ स्थिति के पैदा होने और उसे पर प्रतिक्रिया देने के बीच अंतर पैदा करना होगा। आधुनिक मनोवैज्ञानिक भी किसी तरह की सलाह देते हैं कि प्रतिक्रिया देने से पहले समय लें। यह न केवल हमें स्थिति से बचाता है बल्कि इस पर भगवान कृष्ण की दिव्या कृपा भी बरसती है जिससे हमें अधिक संघर्ष शील स्वयं के निर्माण में भी सहायता मिलती है।

4

जीवन के सही परिपेक्ष्य

आधुनिक समय में , एक भौतिक रूप से सफल व्यक्ति जो काफी अमीर है भौतिक रूप से संपन्न है , फिर भी एक खालीपन की भावना से पीड़ित है। कभी-कभी उसे एक हारे हुए व्यक्ति होने का एहसास होता है। जीवन में कुछ कमी महसूस होती रहती है। यह सभी बातें जीवन के बारे में कुछ मौलिक प्रश्न उठाती है -

क्यों एक भौतिक रूप से समृद्ध व्यक्ति के जीवन में अभी भी कुछ कमी है ? क्या सेवानिवृत्ति अचानक आपकी सभी मूल्यवान चीजों को छीन लेती है ताकि आप खाली महसूस कर सकें ?

इससे शायद हम इस निष्कर्ष पर पहुंच सकते हैं कि हमने अपने जीवन में गलत दृष्टिकोण विकसित कर लिए हैं और गलत उद्देश्यों का पीछा कर रहे हैं। जीवन में घटनाओं के एक मोड़ पर (अक्सर बहुत देर से) भ्रम की स्थिति उत्पन्न होती है जिसमें यह लगता है कि यह हमें खुश कर देगा , परंतु वास्तव में ऐसा नहीं था।

जीवन का एकीकृत दृष्टिकोण

मन की शांति , खुशी और तृप्ति जैसे अक्सर सुने जाने वाले शब्दों के बारे में सोचें। हम इन शब्दों से क्या समझते हैं और ज्यादा महत्व की बात हम जीवन में इसे कैसे प्राप्त करें ?

उसके बारे में भगवान श्री कृष्ण भगवत गीता में अर्जुन को उपदेश देते हैं -

अध्याय 2 / 66

नास्ति बुदि्धरयुक्तस्य न चायुक्तस्य भावना।
न चाभावयतः शान्तिरशान्तस्य कुतः सुखम्।।

जिसके मन-इन्द्रियाँ संयमित नहीं हैं, ऐसे मनुष्यकी व्यवसायात्मिका बुदि्ध नहीं होती और व्यवसायात्मिका बुदि्ध न होनेसे उसमें कर्तव्यपरायणताकी भावना नहीं होती। ऐसी भावना न होनेसे उसको शान्ति नहीं मिलती। फिर शान्तिरहित मनुष्यको सुख कैसे मिल सकता है?

भगवान कृष्ण अर्जुन को पूर्णता और मन की शांति को साथ जोड़कर युक्त अर्थात एकीकृत होने के मूल्य पर प्रकाश डालते हैं। उनके अनुसार जो व्यक्ति युक्त नहीं है अर्थात अयुक्त है उसे मानसिक शांति नहीं मिलती। बिना युक्त के (न जीते हुए मन और इंद्रिय वाले के) व्यक्ति के पास न तो सही बौदि्धक क्षमता (बुदि्ध) होती है और न ही जीवन के प्रति सही दृष्टिकोण विकसित होती है। बुरे या गलत दृष्टिकोण के साथ व्यक्ति को कभी भी तृप्ति की भावना नहीं मिलेगी और अंततः मन की शांति नहीं मिलेगी इसलिए तृप्ति और मन की शांति का रहस्य युक्त होना है। युक्त होने का अर्थ है जुड़ना जो प्रकृति और धर्म के नियमों से अच्छी तरह से जुड़ा है , वह सरल शब्दों में युक्त है।

इसका अर्थ यह है कि ऐसे व्यक्ति के लिए विचार , क्रिया और समझ जीवन के विभिन्न पहलुओं में प्रकृति और धर्म के नियमों से कोई विरोध नहीं है। ऐसा व्यक्ति वास्तव में एक एकीकृत व्यक्तित्व का होगा। जिसमें मन और उसके कार्य में कोई संघर्ष नहीं होगा। अर्थात जो मन में है वही कार्य में है जो कार्य में है वही मन में है। इस प्रकार इस रास्ते पर चल कर जो भी परिणाम होगा वह अच्छा होगा और यह मानसिक तनाव का कारण भी नहीं बनेगा।

ऐसे लोग जीवन के लिए सही दृष्टिकोण विकसित करते हैं और वह अपने आसपास की घटनाओं से अपने स्वभाव को इधर-उधर विक्षेपित नहीं करते हैं। जीवन के प्रति सही दृष्टिकोण के साथ वह अपने जीवन के

पीछे के सर्वव्यापी सिद्धांत के साथ आसानी से जुड़ जाते हैं और दैनिक जीवन में कई घटनाओं का सामना करते हुए , मिलने वाले इस दिव्य मार्गदर्शन से लाभान्वित होते हैं।

इसके विपरीत जो व्यक्ति जीवन के इस दृष्टिकोण को विकसित नहीं कर पाता वह अयुक्त होता है और उसका व्यवहार प्रकृति और धर्म के साथ लयबद्ध नहीं होता अर्थात मन और कर्म में संघर्ष रहता है। जो आगे चलकर बुद्धि को खराब कर देता है और अंततः गलती पर गलती की तरफ बढ़ जाता है और अंत में पता चलता है की खुशी उसके द्वारा पीछा किए जाने में नहीं बल्कि कहीं और है।

उदाहरण के लिए कोई इस निष्कर्ष पर पहुंच सकता है की खुशी धन में है -इस परिप्रेक्ष्य से आश्वस्त होकर वह अपने बौद्धिक क्षमताओं का उपयोग धन अर्जित करने में लगता है। उसका व्यवहार और रवैया इसी समझ के अनुरूप हो जाता है। परंतु एक घटना घटती है जो उसके इस परिप्रेक्ष्य को चुनौती देती है - वह अपने बीमार प्रिय को धन होने के बावजूद बचा नहीं पता या सक्षम नहीं होता है , जिससे वह असमय में मृत्यु के गाल में चला जाता है।

इसी तरह कुछ लोग सत्ता के बने रहने को खुशी का आधार मानते हैं कि मन की शांति का यह अंतिम स्रोत है और इस उद्देश्य की पूर्ति के लिए सभी गतिविधियों में संलग्न रहते हैं। फिर कुछ घटना है जो उनके इस परिप्रेक्ष्य को चुनौती देता है इसके उदाहरण है सम्राट अशोक और महान सिकंदर।

अपनी प्राथमिकताओं को पुनः नियोजित करें

हम में से कई लोग जीवन के परिप्रेक्ष्य की इस कमी से पीड़ित है। हम पैसा कमाने , सत्ता और पद हासिल करने , धन अर्जित करने , सत्ता और उच्च पदों पर बैठे लोगों का ध्यान आकर्षित करने , महत्वपूर्ण स्थान पर अपनी उपस्थिति दर्ज कराने आदि आदि में व्यस्त हैं। हम इतने व्यस्त हैं की प्रकृति और धर्म के नियमों से अच्छी तरह से जुड़े रहने की आवश्यकता के बारे में सोचने की कोई प्राथमिकता का समय नहीं है।

हम इस वास्तविकता का सामना करने से बचते हैं या भविष्य पर टाल देते हैं जैसे जैसे यह समय बीतता है उम्र बढ़ जाती है यह अपूर्णता

अधिक से अधिक प्रकट होती है और शांति और पूर्णता की भावना हमारे वर्तमान समझ को चुनौती देती है। हमें अपने जीवन के इन पहलुओं को जितनी जल्दी हो सके जांच करनी चाहिए और उसे पर कार्य आरंभ करना चाहिए। गीता के अध्याय 2 में वर्णन किया गया है कि " योग बुद्धि अंततः युक्त बन जाती है " यह हमारे जीवन को एक बेहतर एजेंडा प्रदान करती है।

यह हमें आत्म निरीक्षण करने और हमारे जीवन के लिए एक उद्देश्य विकसित करने में मदद करती है। इससे भी महत्वपूर्ण बात यह है कि यह हमें तृप्ति और मन की शांति जैसे शब्दों के सही अर्थों की खोज करने में सक्षम मानता है और हमें उन्हें किसी न किसी तरह से अनुभव करने का अवसर प्रदान करता है।

5

जीवन में प्रगति के मानदण्ड

प्रत्येक व्यक्ति के लिए यह एक सामान्य और उचित अपेक्षा है कि वह जीवन में प्रगति की आकांक्षा करें और ऐसे तरीके ढूंढे जिनके साथ वह प्रगति को माप सके और प्रगति के लिए उचित ठोस कदम उठा सके। एक बच्चा भी प्रगति करना चाहता है और जीवन के बारे में अधिक चीज सीखना चाहता है। इसी प्रकार एक छात्र अच्छे अंकों के साथ उत्तीर्ण होना चाहता है। ये किसी के भी जीवन के क्षणिक पहलू हैं और प्रगति के लिए यह उपाय ठीक लगता है।

विचारणीय प्रश्न यह है कि किसी की जीवन में प्रगति से आपका तात्पर्य क्या है ? इसका मतलब है किसी के जीवन में प्रगति की धारा की दीर्घकालिक समझ। जीवन के इस पहलू की समझ में से हर एक के लिए महत्वपूर्ण है। इस मानदंड के आधार पर हम जीवन के बारे में उत्तेजित या उत्साहित महसूस करते हैं कि हम वास्तव में प्रगति कर रहे है।

इसलिए जीवन में प्रगति की गलत धारणा हमें एक मृत अंत की ओर ले जा सकती है। दूसरी तरफ , यहां तक कि जब हम प्रगति करने वाले होते हैं , तब भी हम नैतिक रूप से यह सोचकर गिर सकते हैं कि हम एक सार्थक जीवन नहीं जी रहे हैं। आइये इस पहलू को भागवत गीता के परिपेक्ष से समझते हैं।

प्रगति के मानदण्ड

आज के तीव्र आर्थिक विकास के समय में समाज की विशाल बहुमत को प्रगति की एक आधुनिक स्पष्ट समझ है। बुद्धिजीवि , थिंक टैंक , प्रमुख नागरिक , नीति निर्माता और राय निर्माता सभी विकास की परिभाषा करने और मापने के लिए जीवन के भौतिकवादी पहलुओं के इर्दगिर्द के घूमते रहते हैं। उदाहरण के लिए सड़क पर अधिक यात्री कारें , समाज की प्रगति का एक अच्छा संकेत है। इसलिए प्रगति के साधनों के बारे में व्यक्तियों की राय और विचार भिन्न - भिन्न होते हैं।

जब एक सामान्य नागरिक से जीवन की प्रगति के समझ के बारे में पूछा जाता है तो आपको इसके विभिन्न उत्तर प्राप्त होंगे। कुछ के लिए बड़ा बैंक बैलेंस , तो कुछ के लिए बड़ी संपत्ति , कुछ के लिए प्राइम जगह पर जमीन का प्लांट , इत्यादि प्रगति के मानदंड होते हैं। वहीं पर कर्मचारियों के लिए अच्छी तनख्वाह की नौकरी प्रगति के मानदण्ड है। वहीं पर कुछ और लोगों के लिए प्रगति का मतलब अपार्टमेंट की संख्या , फार्म हाउस एवं क्लब हाउस की सदस्यता , अवकाश पर रहना इत्यादि।

इन सब में जो सामान्य सूत्र है वह भौतिक धन की मात्रा। जिसे कोई अपने जीवन में कितना जमा कर सकता है। एक बार यह मानदंड बन जाने के बाद इसे प्राप्त करने के लिए चूहा दौड़ शुरू हो जाती है और हम " और " हासिल करते जाते हैं तथा अपने लक्ष्य को स्थानांतरित करते जाते हैं और अपनी इस यात्रा में ऊपर चलते जाते हैं।

आपके खुश होने का निर्णय भी इसी पर निर्भर करता है। प्रगति की वांछित गति प्राप्त करने में हमारी असमर्थता , हमें जीवन कम भाग्यशाली व्यक्ति महसूस करती है। हम यह सोचने लगते हैं कि हम बेकार हैं , जीवन में पराजित होने की भावना विकसित करते हैं और हतोत्साहित हो जाते हैं। इसी के साथ मानसिक तनाव विकसित होता है जो उच्च रक्तचाप और मधुमेह जैसे बीमारी के रूप में शरीर पर प्रभाव डालता है।

दूसरी तरफ यदि हम अपेक्षा से अधिक तेजी से लक्ष्य प्राप्त करते हैं तो हम प्रगति के उच्च स्तर तक पहुंचाने के लिए और कड़ी मेहनत करते हैं और अपनी जीवन यात्रा को " फॉर्मूला वन कर रेस " में बदल देते हैं

और जीवन को तनाव ग्रस्त कर देते हैं और अपने को पुनः बीमारी की कुचक्र में फसाते हैं। इन दोनों ही स्थितियों में हमारी प्रगति की परिभाषा और उसे प्राप्त करने के तरीके हमारे मन को उद्वेलित करते हैं।

ऐसे में प्रश्न उठता है कि इस दुष्चक्र से कैसे बचा जाए ? क्या हमारे जीवन में प्रगति के हमारे उपाय के साथ कोई समस्या है ? क्या जीवन में प्रगति के लिए वैकल्पिक उपाय है ? इन प्रश्नों के बारे में गीता में देखेंगे -

प्रगति को मापने का वैकल्पिक उपाय

भगवान कृष्ण इस मुद्दे को एक अलग आयाम प्रदान करते हैं। उनके अनुसार प्रगति आंतरिक शांति को बढ़ाने का विषय है। न की मन को उद्वेलित करने का। इस भौतिक दुनिया में भौतिक लक्ष्यों को निर्धारित करना और हमेशा उन्हें प्राप्त न करने से उत्पन्न होने वाली विफलताओं का जोखिम बना रहता है। दूसरी तरफ आंतरिक स्वयं से संबंधित लक्ष्यों को निर्धारित करने में यह जोखिम नहीं होता। वह हमें समुद्र की महानता से प्रेरित हो प्रोत्साहित करती रहती है।

अध्याय 2/70

आपूर्यमाणमचलप्रतिष्ठं , समुद्रमापः प्रविशन्ति यद्वत्।

तद्वत्कामा यं प्रविशन्ति सर्वे ,स शान्तिमाप्नोति न कामकामी।।

जैसे सम्पूर्ण नदियोंका जल चारों ओरसे जलद्वारा परिपूर्ण समुद्रमें आकर मिलता है, पर समुद्र अपनी मर्यादामें अचल प्रतिष्ठित रहता है ऐसे ही सम्पूर्ण भोग-पदार्थ जिस संयमी मनुष्य को विकार उत्पन्न किये बिना ही उसको प्राप्त होते हैं, वही मनुष्य परमशान्तिको प्राप्त होता है, भोगोंकी कामनावाला नहीं।

यहां तक कि जब गंगा और ब्रह्मपुत्र जैसी सबसे बड़ी नदियां अपना पानी समुद्र में बहा देती है तब भी समुद्र गतिहीन बना रहता है। क्योंकि महासागर पहले से ही परिपूर्णता का अवतार है। इसलिए बाहरी तत्व उसे प्रभावित नहीं करते।

भगवान कृष्ण कहते हैं कि यदि हम समुद्र के समान रहकर अगर दुनिया में संलग्न रहते हैं तो भौतिक वस्तुओं का उपयोग करते हुए भी हम परम शांति में रहते हैं इस अवस्था को प्राप्त करना ही जीवन में

प्रगति का अंतिम सत्य है।

परिपूर्णता की स्थिति के लिए आकांक्षा

भगवान कृष्ण का संदेश स्पष्ट है।

क्या हम अपने जीवन में परिपूर्णता की मानसिक स्थिति तक पहुंचाने का प्रयास कर सकते हैं जो भौतिक लाभों और धन से मुक्त हो , जो वास्तव में हमारे जीवन में हो ?

प्रत्येक व्यक्ति के जीवन का अंतिम लक्ष्य इस परिपूर्ण स्थिति को प्राप्त करना है। इसे प्राप्त करने में , इस विचार पर विचार करने के लिए कई वर्ष लग सकते हैं। एक बार जब हम इस विचार की स्पष्टता विकसित कर लेते हैं तब हमें अपने व्यवहार में उभरती परिस्थितियों को समायोजित करने की आवश्यकता होती है। इस अभ्यास के पहले कुछ साल काफी चुनौती पूर्ण होते हैं। जब तक स्वयं पर दृढ विश्वास विकसित नहीं होता , उस पर परिवार मित्र और साथियों का भी मानसिक दबाव रहता है।

संक्षेप में हमें जीवन के एक तरीके का अभ्यास करना होता है। जो गतिविधियों की दुनिया में सक्रिय शारीरिक जुड़ाव तथा भावनात्मक विघटन से है। यह एक मुश्किल काम है। परंतु समुद्र की अचलता से अनुकरणीय होकर प्रयास कर सकते हैं और एक बार यह विचार दृढ हो जाता है तब ईश्वरीय कृपा अपने आप इसे आगे ले जाती है।

6

भगवान कहां है ?

भगवान कहां है ? यह सवाल हम सभी ने बचपन में अपने बड़ों दादा दादी नाना नानी आदि से उत्सुकता तथा कौतूहल के साथ पूछा होगा। हमने तमाम नाटकों तथा फिल्मों में भगवान को दर्शाने के लिए , कुछ सफेद धुएं या बादल जैसे वातावरण उत्पन्न कर कुछ तेज प्रकाश के साथ हमारे इष्ट देवता जैसे विष्णु , शिव आदि को प्रकट कर तैरते दिखाया जाता है , देखा होगा। इस प्रकार हमारे मन में उनके निवास स्थान दूरस्थ और काल्पनिक स्थान के रूप में गहरी छाप छोड़ते हुए एक मानसिक मॉडल बनाते हैं और यह विचार या अवधारणा समय के साथ गहराती जाती है कि ईश्वर किसी और दुनिया में है और ईश्वर तक पहुंचना कठिन है। इसी के साथ अपनी मानसिक छवि के साथ हम यह भी सोचते हैं कि भगवान का निवास विलासिता और आनंद का स्थान है। यदि परमेश्वर और उनके निवास के बारे में केवल यह धारणाएं ही सत्य हैं तो यह रुचिकर घटना नहीं है। यह कुछ कल्पनाओं के लिए तो उपयोगी है परन्तु सरल सामान्य ज्ञान हमें बताता है कि यह सच नहीं हो सकता है।

देवत्व की धारणा को समझना

बड़े होने के साथ-साथ ऐसे सवाल न पूछने की कला भी हमने सीख ली। सवाल गायब नहीं हुए और मजबूत होते गए। हमारे जीवन में ऐसी भी अवसर आते हैं कि जब इस प्रश्न ने हमें इतना परेशान किया और हम पूछते हैं की "तथाकथित देवत्व " कहां है। उदाहरण के लिए जब

हम अनुशासित नैतिक जीवन जीते हैं और जब कुछ अनुचित होता है तो यह सवाल हमारे दिमाग में आता है। एक व्यक्ति जो जीवन में कई चुनौतियों से गुजर रहा है उसके लिए यह मुद्दा अधिक बड़ा है खासकर जब वह परमेश्वर में विश्वास करता है। हम नहीं जानते कि इस प्रश्न का उत्तर कैसे प्राप्त किया जाए। लेकिन यह धार्मिक और राष्ट्रीय सीमाओं के परे हमारे जीवन का एक पहलू है। साथ ही भगवान के बारे में विचारों और भगवान को साकार करने के तरीकों पर प्रश्न खड़ा करता है।

देवत्व की सार्वभौमिक प्रकृति

उपर्युक्त प्रश्न की अस्पष्टता को हल करने में भगवान कृष्ण ने गीता के अध्याय 7 के सातवें श्लोक के माध्यम से एक मौलिक विचार प्रस्तुत किया है कि देवत्व हर जगह है है।

अध्याय 7 /7

मत्तः परतरं नान्यत्किञ्चिदस्ति धनञ्जय।

मयि सर्वमिदं प्रोतं सूत्रे मणिगणा इव।।

हे धनञ्जय ! मेरे बढ़कर (इस जगत् का) दूसरा कोई किञ्चिन्मात्र भी कारण नहीं है। जैसे सूतकी मणियाँ सूतके धागेमें पिरोयी हुई होती हैं, ऐसे ही यह सम्पूर्ण जगत् मेरेमें ही ओत-प्रोत है।

तात्विक दृष्टि से देखें तो न धागा है न मणियाँ हैप्रत्युत एक सूत ही है। इसका अर्थ यह होगा कि प्राकृतिक प्रणालियों (चट्टानें पहाड़ नदियां पृथ्वी ग्रह प्रणाली बिजली आदि) की ब्रह्मांड में जीवित प्राणियों को प्रदान की गई सभी बंदोबस्त और स्वयं जीवित प्राणी (अमीबा से लेकर मानव तक) सभी देवत्व के रूप है। भगवान अपने को विभिन्न रूपों में प्रदर्शित करते हैं। अब प्रश्न यह उठता है कि यह सब कुछ ईश्वर है तो यह कैसे संभव है विरोधाभासी युग्मों का स्रोत एक ही सामग्री है ?

उदाहरण के लिए क्या भाप और बर्फ समान हो सकते हैं कम से कम यहां एक निरंतर है , परंतु आग और पानी के बारे में क्या जो विपरीत गुण वाले हैं। आपने प्राथमिक रसायन विज्ञान तो पढ़ाई होगा। प्रकृति में पाए जाने वाले ऑक्सीजन और हाइड्रोजन अत्यंत जलनशील मूल तत्व है और गहराई से देखें तो यह सभी प्रोटॉन , न्यूट्रॉन और इलेक्ट्रॉन से बने हैं। उनकी भिन्न-भिन्न संख्या से भिन्न-भिन्न मूल तत्व बनते हैं और

जब हाइड्रोजन के दो अणु ऑक्सीजन के एक अणु से मिलते हैं तो पानी बनता है। जिसकी प्रकृति मूल तत्व की प्रकृति से भिन्न होती है।

इससे यह पता चलता है कि देवत्व नमक मूल घटक असंख्य तरीकों से गठबंधन कर सकता है और बहुलता की एक स्पष्ट दुनिया बना सकता है। जो एक दूसरे से बहुत अलग दिखाई दे सकते हैं एक दूसरे के साथ संघर्ष कर सकते हैं और अंततः बहुत अलग रूप में हो सकता है।

भगवान कृष्ण जिस ओर इशारा कर रहे हैं वह तथाकथित "गार्ड पार्टिकल" की खोज के समान है जिसे आधुनिक वैज्ञानिक अनुसंधान करने का प्रयास कर रहे हैं। दूसरे शब्दों में " देवत्व के संरक्षण के नियम " का एक सुंदर वर्णन है। दिव्यता न तो बनाई जा सकती है और न नष्ट की जा सकती है। यह पहले से ही मौजूद है और असंख्य रूपों में प्रकट होता है। और सबसे अच्छा एक रूप से दूसरे रूप में बदल सकता है।

जब हम सभी चलचित्र देखने जाते हैं तो हम , जिस पर चलचित्र चल रहा है अर्थात सफेद स्क्रीन के बारे में शायद ही सोचते हैं जो प्रकाश के लिए पृष्ठभूमि के रूप में कार्य करता है और फिल्म बनाने वाले विभिन्न रूपों और रंगों को बनता है सफेद पर्दे के बिना फिल्म अर्थहीन है। इसी प्रकार भगवान बहुलता की इस दुनिया के प्रगटीकरण के लिए के पृष्ठभूमि की तरह है। हालांकि एक बार जब देवत्व के संरक्षण के नियम की सहराना करते है तो यह और अधिक स्पष्ट हो जाता है। हम अपने दिमाग को सफेद स्क्रीन की तलाश करने के लिए प्रशिक्षित करें , तो हम आत्म जांच की यात्रा पर निकल सकते हैं।

आत्म जांच की यात्रा

यदि हम देवत्व के संरक्षण के नियम पर अधिक गंभीरता से विचार करें तो एक नया दृष्टिकोण खुलता है। जिससे दैनिक जीवन में महत्वपूर्ण बदलाव देखने को मिलेंगे। हम हमेशा दूसरों के प्रतिरोध या बहिष्कार में जीते हैं जैसे अगर चीटियां हमारे घर में आती हैं और बाधा डालती है तो हम कुछ रसायन पाउडर से उन्हें मार देते हैं। अगर एक बंदर हमारी कॉलोनी या घर की छत पर आकर उत्पाद मचाता है तो हम निर्दयतापूर्वक उसे भागते हैं। अगर हमारे निर्माण के बीच में कोई पेड़ आता है तो हम उसे काट देते हैं। हम सभी प्रकार के जीवित प्राणियों को

हटाकर पृथ्वी पर अपना कब्जा करना मनुष्य के लिए गंभीर व्यवसाय है जो पूर्व से चला आ रहा है।

जब हम देवत्व के संरक्षण के सिद्धांत से अवगत होते हैं, तो हमारे इस प्रकृति को चुनौती मिलती है। ऐसे लोगों को न तो स्थिरता पर या पर्यावरण संरक्षण पर सबक सिखाने की आवश्यकता होती है। क्योंकि प्रकृति के साथ शांतिपूर्ण सह अस्तित्व और सद्भाव उनके जीवन का तरीका बन जाता है।

जिस प्रकार दूसरे लोगों और संस्थाओं की तुलना में हमारा समझ एक बदलाव से गुजरेगा, भाषा तथा धार्मिक गुटों, समूहो परिवारों और हित समूहों के बीच लड़ाई शांत समुद्र के सतह पर होने वाली गड़बड़ी के समान होगी, जो गहरे में शांत और स्थिर है।

अगर हम अपने दिमाग में इस एकता का दृष्टिकोण का निर्माण करते हैं तो दुनिया उत्तरोत्तर रहने योग्य और काम लेनदेन वाली हो जाएगी। मन में पूर्णता के साथ शांति आएगी। एक दूसरे के बीच प्रतिस्पर्धा की भावना कम होने लगेगी। ये सभी मन को अनावश्यक विकर्षण और चिंताओं से मुक्त करेगा और धीरे-धीरे मन को स्वयं और जीवन के बारे में गंभीर प्रश्न पर चिंतन करने की अनुमति देगा।

देवत्व के संरक्षण का नियम हमारे जीवन पथ के लिए गेम चेंजर हो सकता है हमें इस अवधारणा को समझने तथा गहरे अर्थ और समझ के साथ जीवन जीने के लिए ईश्वरी कृपा की आवश्यकता है।

7

देवत्व एक ऊर्जा

गैर-आस्थावान के पास आस्थावान को उलझाने का एक सरल और स्मार्ट तरीका है। वह बस सवाल पूछता है अगर भगवान वहां है तो मुझे दिखाओ कि वह कहां है ? भागवत महापुराण में भक्त प्रहलाद से उसके पिता हिरण्याकशिपु ने भी यही प्रश्न पूछा था। भारतीय पुराणों में संदेश को व्यक्त करने की एक अलग शैली है। वह तरीका नाटक तथा कहानी के माध्यम से है। आधुनिक विज्ञान भी इसी को अब समझ रहा है कि यदि संदेश को नाटक या कथा कहानी के माध्यम से बताया जाए तो यह संदेश अंतर्मन में गहरी उतरकर बहुत समय तक स्मृति में बना रहता है।

अब आते हैं प्रहलाद - हिरण्याकशिपु के संवाद पर। तब प्रहलाद ने जवाब दिया कि भगवान हर जगह है तो पिता ने पूछा इस स्तंभ में भी होंगे ? बाकी की कहानी आप सब जानते ही हैं। इस संदेश का सार एक मौलिक विचार के बारे में है कि भगवान हर जगह है धूल के हर कण से लेकर ब्रह्मांड की बड़ी वस्तुओं तक में। परंतु गैरआस्थावान का प्रश्न ,आस्थावान के लिए भी उतना ही महत्वपूर्ण प्रश्न है। इस प्रश्न का उचित उत्तर ढूंढना ही होगा।

हम इसी के समान एक नया प्रश्न लेते हैं क्या हमें धातु के तारों में बहने वाली बिजली दिखाई पड़ती है। यह उतना ही कठिन प्रश्न है क्योंकि बिजली तो धातु के बने तारों में बह रही है। किसी भी प्रकार से उसे देख

नहीं सकते आप बिजली से भरी बोतल नहीं ला सकते , न ही आप दिखा सकते हैं बिजली कहां है। हम यह भी नहीं जान सकते कि बिजली का रंग क्या है वह नीला है या लाल है या हल्का है या भरी। परंतु जब हम बिजली के सॉकेट के छिद्र में अपनी अंगुली को डालते हैं तो हमें झटका लगता है जो हमें बिजली का एहसास कराता है और तब हम बिजली के अस्तित्व को स्वीकार करते हैं।

इस प्रकार हम एक अलग दृष्टिकोण का सहारा लेते हैं जब हम पंखा , टीवी का स्विच ऑन करते हैं तो यह सारे उपकरण चलने लगते हैं इस प्रकार निष्कर्ष निकलता है कि बिजली वास्तव में मौजूद है वास्तव में यह एक एसिड परीक्षण की तरह है जिसका उपयोग हम बिजली के अस्तित्व को पहचानने के लिए करते हैं। इन उदाहरण में हम जो कहने का प्रयास करते हैं वह बिजली दिखाने के लिए प्रोक्सी के रूप में बिजली के अस्तित्व के प्रभाव को दिखाना है क्योंकि यही एकमात्र संभव तरीका है।

भगवान श्री कृष्ण ने हमें याद दिलाने के लिए इसी तरह के दृष्टिकोण का सहारा लिया और बताया कि देवत्व कोई उत्पाद नहीं है बल्कि इसके अस्तित्व को प्रभावों के माध्यम से जाना जा सकता है। यह विचार अध्याय 7 के श्लोक 8 से 10 तक में देखने को मिलता है।

देवत्व हमारे चारों ओर कई तरीकों से प्रकट होता है

इस विचार को प्रदर्शित करने के लिए श्री कृष्ण ने कुछ उदाहरण दिए हैं। इस विचार की पराकाष्ठा गीता के दसवें अध्याय में है जहां पर 50 से अधिक उदाहरण दिए गए हैं। ताकि यह दिखाया जा सके कि ब्रह्मांड में देवत्व कैसे प्रकट होता है। कृष्ण कहते हैं -

अध्याय 7/8

रसोऽहमप्सु कौन्तेय प्रभास्मि शशिसूर्ययोः।
प्रणवः सर्ववेदेषु शब्दः खे पौरुषं नृषु।।

हे कुन्तीनन्दन ! जलोंमें रस मैं हूँ, चन्द्रमा और सूर्यमें प्रभा (प्रकाश) मैं हूँ, सम्पूर्ण वेदोंमें प्रणव (ओंकार) मैंहूँ, आकाशमें शब्द और मनुष्योंमें पुरुषार्थ मैं हूँ।

उपरोक्त सभी उदाहरणों में कुछ सामान गुण हैं जो मौलिक और अस्तित्वगत पहलू है। जैसे पानी से Spadity यानि रसत्व को निकाल दें तो पानी की धारा मौजूद नहीं होगी। इसी तरह यदि सूर्य और चंद्रमा से कांति यानी चमक को निकाल दें तो इनका अस्तित्व समाप्त हो जाएगा। श्री कृष्णा हमें यह याद दिलाते हैं कि इस ब्रहमांड में चीजों और संस्थाओं की सर्वोत्कृष्ट प्रकृति देवत्व की पहली अभिव्यक्ति है। फिर आगे बढ़कर उदाहरणों को एक और सेट को बताते हैं -

अध्याय 7/9

पुण्यो गन्धः पृथिव्यां च तेजश्चास्मि विभावसौ।
जीवनं सर्वभूतेषु तपश्चास्मि तपस्विषु।।

पृथ्वीमें पवित्र गन्ध मैं हूँ, और अग्निमें तेज मैं हूँ, तथा सम्पूर्ण प्राणियोंमें जीवनीशक्ति मैं हूँ और तपस्वियोंमें तपस्या मैं हूँ।

पृथ्वी माता से जो अच्छी गंध निकलती है जिसे हम सभी हल्की बारिश की बात सुखद अनुभव करते हैं इसी प्रकार अग्नि में चमक और गर्मी और सभी प्राणियों में जीवन का स्रोत देवत्व की अभिव्यक्तियां हैं और अंत में तपस्वियों के बीच तप का गुण देवत्व की अभिव्यक्ति के अलावा कुछ नहीं है। जीवित और निर्जीव संस्थाओं का अस्तित्व देवत्व के प्रभाव के अलावा कुछ नहीं है। और अंत में -

अध्याय 7/ 10

बीजं मां सर्वभूतानां विद्धि पार्थ सनातनम्।
बुद्धिर्बुद्धिमतामस्मि तेजस्तेजस्विनामहम्।।

हे पृथानन्दन ! सम्पूर्ण प्राणियोंका अनादि बीज मुझे जान। बुद्धिमानोंमें बुद्धि और तेजस्वियोंमें तेज मैं हूँ।

श्री कृष्णा घोषणा करते हैं कि जीवन का बीज जो अनादि काल के लिए मौजूद है वह दिव्यता के अलावा कुछ नहीं है। पृथ्वी की गंध और लाखों सांसों का आना-जाना जो जीवित प्राणियों को मृत्यु पर्यंत तक करना पड़ता है जब कोई भी इसके मौलिक स्रोत के बारे में विचार करता है तो उसे अंततः यह ज्ञात होता है कि यह देवत्व की अभिव्यक्ति के अलावा कुछ नहीं है । इस श्लोक के माध्यम से अधिक मौलिक स्रोत को याद दिला रहे हैं।

इसके अलावा श्री कृष्णा दो और उदाहरण देते हैं जब आप किसी बुद्धिमान व्यक्ति को देखते हैं तब आप उसे व्यक्ति के बुद्धि को देवत्व के रूप में देखते हैं जो उसे प्रतिभाशाली बनता है कुछ लोगों में आप तेज या ओज को देखते हैं जो देवत्व का ही रूप है।

चारों तरफ देवत्व को समझना और सराहना करना सीखना

यदि हम इन श्लोकों को गंभीरता से लें और उन पर चिंतन करें। तो हम अपने आसपास होने वाले लोगों , घटनाओं के बारे में एक अलग दृष्टिकोण और समझ विकसित करेंगे।

आइये इसको समझने के लिए दो उदाहरण लेते हैं जब स्वामी विवेकानंद शिकागो धर्म संसद को संबोधित करने के लिए उठे और उन्होंने " मेरे अमेरिका के भाइयों और बहनों " कहना शुरू किया तो जाहिर तौर पर उन्होंने वहां मौजूद हर व्यक्ति का दिल जीत लिया। यदि एक साधारण और अविकसित व्यक्ति ने इसी तरह का प्रयास किया होता तो हम नहीं जानते लोगों की प्रतिक्रिया क्या होती , यह दिव्यता की अभिव्यक्ति की शक्ति है।

दूसरा उदाहरण लेते हैं लाहौर के गणित के प्रोफेसर स्वामी रामतीर्थ जब एक आत्म-साक्षात्कारी बन गए तब अपने नश्वर शरीर को छोड़ने से पहले अपने शिक्षाओं को साझा करने के लिए 5 साल बिताए। इससे जो प्रभाव पैदा हुआ वह इतना शक्तिशाली था कि लोगों ने उन्हें दूसरा विवेकानंद कहना शुरू कर दिया। ऐसे तमाम उदाहरण है महात्मा गांधी कोई प्रसिद्ध वक्त नहीं थे लेकिन जब वह बोलते थे हजारों लाखों लोग शांति से उनकी बात सुनते थे और प्रभाव इतना था कि लोग उनकी बातों को सुनकर आंदोलन में खींचे चले आते थे। यह दिखाता है यह दिव्यता की अभिव्यक्ति ही है। इसी तरह मार्टिन लूथर जूनियर नेल्सन मंडेला मदर टेरेसा ऐसे कई नाम है जिनमें दिव्यता की अभिव्यक्ति मिलती है।

आदि शंकराचार्य ने बचपन में 7 साल की उम्र में भगवान को खोजने के लिए निकले और जब नर्मदा नदी के तट पर स्थित ओंकारेश्वर पहुंचे तो दिव्यता का एक प्रभाव शुरू हुआ और 10 से 32 साल की उम्र में उन्होंने ऐसे काम किया कि आम इंसान के लिए संभव है इन्होंने 6200 से अधिक पृष्टो की संरचना की ऐसी संस्थाओं की स्थापना की जो हजार से

अधिक वर्षों से जीवित हैं। लोगों में समझदारी डालकर धार्मिक प्रथाओं को सुधारा तथा उन्हें स्पष्ट व्याख्या भी दी।

महान सुधारक , आध्यात्मिक नेता और त्यागियो के पास जादुई शक्ति होती है जिससे वह सब कुछ कर सकते हैं वे लोगों और स्थितियों को बदल सकते हैं जो अपने आप बिना किसी प्रयास के आता है। न केवल आध्यात्मिक गुरु बल्कि तमाम सामान्य लोग भी सकारात्मक और जादुई रूप से लोगों को बदलने की क्षमता रखते हैं। जब भी हम ऐसे लोगों से मिलते हैं तो हमें उस दिव्यता का आभास होता है यह बहुत ही व्यवहारिक दृष्टिकोण है। दिव्यता को या देवत्व को अनुभव को अगर हम अपने इस दृष्टि के साथ समाज और इकोसिस्टम को देखेंगे तो हमें हमेशा उसे देवत्व का अनुभव होगा ही। यह एक जीवन बदलने वाला दृष्टिकोण है जो भगवान श्री कृष्ण ने इस लोक के माध्यम से दिया है।

8

भगवान और ब्रह्मांड

हम सभी के लिए भगवान की अवधारणा में , भगवान जो बहुत दूर रहते हैं का विचार आता है। विष्णु भक्त के लिए वह बैकुंठ धाम है , तो शिव भक्त के लिए कैलाश। फिल्मों में या नाटकों के चित्रण में भी भारतीय पुराणों का संदर्भ लेकर यही दिखाया जाता है यह हमारे मन में एक छवि बनाता है कि ईश्वर का आदर्श स्थल दुरुस्त कहीं है , जो शायद जीवन के बाद वहां पहुंचा जा सकता है। सामान्य पुरुष वहां पहुंच नहीं सकता और मार्ग भी कठिन से कठिन है। इन सब से ऊपर यह छवि बताता है कि जीवन में भगवान तक पहुंचाने का संभावना दूर की कौड़ी है।

ब्रह्मांड की समझ

एक और मुद्दा है , जो हमारे चारों ओर ब्रह्मांड की समझ से संबंधित है। क्या ब्रह्मांड केवल भौतिक और रसायन विज्ञान के नियमों के अधीन बुनियादी तत्वों का एक संयोजन से बना है। जैसा कि आधुनिक विज्ञान की धारणा है क्या ब्रह्मांड की रचना करने में सर्वशक्तिमान परमेश्वर की कोई भूमिका है या यह अपने आप प्रकट हुआ है ?

इस जगत को बनाने के लिए शुरू में आवश्यक कच्चे माल की आपूर्ति किसने की ? क्या इस जगत में जीवित और निर्जीव अंतहीन किस्म के पीछे कोई अन्तर्निहित पैटर्न है ? यह सभी प्रश्न उच्च ज्ञान के साधक सहित आधुनिक वैज्ञानिकों के लिए आकर्षक प्रश्न है। वर्तमान समय में आधुनिक वैज्ञानिक इन सवालों का पीछा करते-करते एक

"गॉड पार्टिकल " के सिद्धांत तक पहुंचाते हैं जो इन सब प्रश्नों की संतोषजनक रूप से व्याख्या कर सके। अभी भी कई चुनौतियों और तर्कों के साथ यह यात्रा जारी है।

हमारे पूर्वजों ने भी इस मुद्दे पर जिज्ञासा की तथा सवालों के जवाब ढूंढे। जो भारतीय प्राचीन साहित्य उपनिषद और पुराणों आदि के मूल विषय हैं। इन ग्रंथो ने इन प्रश्नों के उत्तर देने का अनूठा तरीका अपनाया। श्री कृष्ण ने भी भागवत गीता में इन्हीं प्रश्नों का उत्तर दिया है इसे समझने के लिए हम अध्याय 7 के कुछ श्लोकों को लेते हैं।

ब्रह्मांड और कुछ नहीं बल्कि ईश्वर कीअभिव्यक्ति है

भगवान कृष्ण ब्रह्मांड के मूल पैटर्न को बताते हैं जो सभी में पाई जाती है। वह कहते हैं हर वस्तु तीन मूल तत्वों से मिलकर बनी है सत्व , रज और तम। इसे त्रिगुण भी कहा जाता है। वह आगे इसके दो महत्वपूर्ण बातों को बताते हैं। यह तीनों गुण तत्व मुझे उत्पन्न है परंतु मैं इसमें नहीं हूं।

अध्याय 7/12

ये चैव सात्विका भावा राजसास्तामसाश्च ये।

मत्त एवेति तान्विद्धि नत्वहं तेषु ते मयि।।

जितने भी सात्विक, राजस और तामस भाव हैं, वे सब मुझ से ही होते हैं -- ऐसा समझो। पर मैं उनमें और वे मेरे में नहीं हैं।अर्थात जितने भी सात्विक राजस्व और तमस भाव है वे सब भूत मुझसे ही है परंतु मैं उनमें और वह मेरे में नहीं है।मूल तत्वों का परिचय देने के बाद श्री कृष्णा घोषणा करते हैं कि इस ब्रह्मांड में सब कुछ इन तीन तत्वों द्वारा मोहित है जो लोग अज्ञानता में है वह मुझे नहीं जानते कि मैं इससे भिन्न , परम और अनश्वर या अव्यक्त हूँ।

अध्याय 7/13

त्रिभिर्गुणमयैर्भावैरेभिः सर्वमिदं जगत्।

मोहितं नाभिजानाति मामेभ्यः परमव्ययम्।।

किन्तु - इन तीनों गुणरूप भावोंसे मोहित यह सब जगत् इन गुणोंसे अतीत अविनाशी मुझे नहीं जानता।

यह जो विवरण है वह बहुत अच्छा और भ्रमित करने वाला दिखाई देता है उदाहरण के लिए भगवान त्रिगुण में नहीं है परंतु त्रिगुण प्रभु में हैं। इसके लिए इसे सावधानीपूर्वक समझना होगा। दूसरा प्रश्न उठता है कि इस बड़ी विविधता पूर्ण जगत के लिए यह तीन तत्व ही उत्तरदाई है गीता में इस त्रिक के विचार को कई आयामों में विस्तारित किया गया है।

कारण और कार्य की धारणा

आइये पहले हम " मैं उन में नहीं हूं लेकिन वह मुझ में है " की विरोधाभास पर विचार करते हैं। सोने से बनी वस्तुओं पर विचार करें - जैसे चूड़ी हार कंगन या अंगूठी। यदि यह प्रश्न किया जाए कि इनमें समान क्या है तो उत्तर होगा सोना। यदि हम सभी आभूषणों को पिघला दे , तो क्या प्राप्त होगा सोना। जो इन सभी आभूषणों में मूल रूप से है। इस प्रकार सोना कारण है और आभूषण प्रभाव क्रिया है।

एक अन्य उदाहरण लेते हैं लकड़ी कलाकृतियों में लकड़ी कारण है और कलाकृतियों कार्य है। यह स्वाभाविक है की कार्य , कारण में विद्यमान है। दूसरे शब्दों में सुपर-सेट कारण है और सब-सेट कार्य है। सुपर-सेट नष्ट नहीं किया सकता , परंतु सब-सेट को नष्ट किया जा सकता है और वह मूल स्थिति में वापस आ जाएगा। यानी कारण में। इसी प्रकार ब्रह्मांड कार्य है और भगवान वास्तव में कारण है। भगवान अविनाशी हैं लेकिन ब्रह्मांड नाशवान है। ब्रह्मांड की उम्र चाहे जितनी बड़ी क्यों न हो , वह एक दिन शुरू ही होती है और हर शुरू होने वाली चीज का अंत होता ही है।

ब्रह्मांड की विविधता की बिल्डिंग ब्लॉक्स

ब्रह्मांड के अनगिनत रूपों और आकृतियों का निर्माण त्रिगुण का तत्व (सत् , रज और तम) का उपयोग करके किया गया है। यह सब कुछ एक ही स्रोत से आ रहा है। तो इस अनन्त विविधता का निर्माण करने के लिए एक तंत्र होना चाहिए।

यह कोई नया विचार नहीं है इसके कई उदाहरण यदि हम रंगों के संयोजन को लेने तो सारे रंग तीन मूल रंगों से उनके भिन्न-भिन्न अनुपात को मिलाकर बनाए जाते हैं वह मूल तीन रंग हैं रेड, ग्रीन , ब्लू लाल यानि लाल , हरा और नीला। इन्हीं तीनों रंगों के संयोजन से सारे

रंग बनाए जाते हैं। इसको और स्पष्ट करते है इन तीनों मूल रंगो से 7 रंगों का सेट तैयार होता है जिससे इनको विभिन्न अनुपात में मिलाकर हजारों रंगों को बनाया जाता है इसके लिए आजकल आधुनिक मशीन भी आ गई है जो सही माप तथा मात्रा का ध्यान सटीकता के साथ रखती है।

भगवान ने भी इसी तंत्र का प्रयोग कर विविधता पूर्ण संसार की रचना त्रिगुण के माध्यम से की। भगवान ने इस त्रिगुण का उपयोग निश्चित अनुपात में करके विविध गुण वाले संसार को बनाया। एक बार जब कोई नया रूप बन जाता है तो उसे नाम और आकार दिया जाता है। इससे प्रक्रिया पूरी हो जाती है। हमारे आभूषण के उदाहरण में , जब हम सोने को अंगूठी कहते हैं तो सब कुछ इसमें शामिल होता है। इसी प्रकार विविधता की इस दुनिया का गठन करने वाले सभी नाम और रूप कुछ बुनियादी सामग्रियों के असंख्य संयोजन में देवत्व की अभिव्यक्ति के अलावा और कुछ नहीं है।

भगवान ने दो पहलुओं का उपयोग कर विविधता की दुनिया उत्पन्न किया एक को पुरुष , दूसरे को प्रकृति कहा गया। प्रकृति (प्रभाव यानी क्रिया) बहुलता की दुनिया को बनाने का बिल्डिंग ब्लॉक है और दूसरी ओर पुरुष (सत , चित्त और आनन्द) कारण है।

$$\{सत + चित्त + आनन्द\} + \{गुण + नाम + रूप\} = विविधतापूर्ण\ संसार$$

जिस प्रकार से त्रिगुण गठबंधन करते हैं और एक समग्र गुण प्रदान करते हैं वह अपने आप में एक वृहद विषय है। सांख्य सिद्धांत इस प्रक्रिया का विवरण प्रदान करता है। ये नदी पहाड़ जीवित तथा निर्जीव चीज सभी कुछ दिव्यता की अभिव्यक्ति है , जो जीवन प्रदान करती हैं और इस प्रकार ईश्वर कोई दूरस्थ विचार नहीं है वह तो हमेशा हमारे पास हमारे साथ है और अपने को विभिन्न रूपों और नाम में अभिव्यक्त करता है।

9

शक्ति और इच्छा

शक्ति और इच्छा के बारे में हमारी जो समझ आज के समय है आवश्यक नहीं कि वह सही हो। आज के समय में जीवन जीने के तरीके में हम मुख्य रूप से बहुत सारा पैसा बनाने, ढेर सारी भौतिक सुविधाएं और मौज मस्ती ही मुख्य भूमिका में है। जीवन के प्रति यह दृष्टिकोण शायद पाश्चात्य सेमेटिक धर्म से आता है। जो पुनर्जन्म में विश्वास नहीं करते हैं उनका मानना है कि जीवन का बस यही एक मौका है।

जीवन के सिद्धांतों की गलतफहमी

यह विचार कई चीजों को प्रभावित करता है और हमारे वैश्विक दृष्टिकोण को भी निर्धारित करता है और यह तय करने में मदद करता है कि जीवन में क्या महत्वपूर्ण है। इसे देखते हुए शक्ति हमारी क्षमता पर हावी होने लगती है और ज्यादा आक्रमण हो जाती है तथा जीवन के लिए बहुत से संसाधनों और अक्षय निधि को प्राप्त करने की आवश्यकता महसूस करने लगते हैं। इस प्रकार इच्छा असीमित होती है क्योंकि यही हमारे रास्ते को आगे बढ़ाने, सक्रिय होने और धन पैदा करने का एकमात्र तरीका है, भले ही उचित संसाधनों का प्रयोग न किया जाए।

इसका दूसरा कारण है इस मुद्दे पर प्राचीन ग्रंथो में किसी संदर्भ न होना। हमारे धर्म शास्त्रों स्मृतियां और पुराणों में इस मुद्दे पर चर्चा की गई है क्योंकि हमारे पूर्वज इसके बहुत महत्वपूर्ण मानते थे। इस कारण उन्होंने एक ढांचे और सिद्धांत का निर्माण किया जो हमारे जीवन में

लागू करने के लिए आवश्यक है इन मुद्दों पर इन ग्रंथों से आवश्यक सामग्री निकालने का समय हम नहीं देते या समय नहीं है। इस प्रकार के कार्यों में रुचि भी आमतौर पर घट रही है। इसलिए ऐसा प्रतीत होता है कि यह सब करने से कोई लाभ नहीं होगा।

तीसरा कारण जो इन सब से गंभीर है वह है कि हमने एक मजबूत मानसिक मॉडल तैयार कर लिया है कि भारतीय प्राचीन साहित्य ,इच्छा ,नैतिक ,भौतिकवाद और धनार्जन जैसे मुद्दे के खिलाफ खड़ा है। दूसरी तरफ हम यह विश्वास करते हैं कि जीवन बिना इच्छा के और सादगी के साथ जीने का नाम है। यदि हम हाल फिलहाल के इतिहास को देखें तो एक ऐसा बिल्कुल नहीं है। भारतीय महाद्वीप का वैश्विक बाजार हिस्सा 17वीं शताब्दी में 27 फ़ीसदी था जो आज मात्र दो फ़ीसदी के आसपास रह गया है , इस दौरान ईस्ट इंडिया कंपनी ने भारतीय उपमहाद्वीप पर अपना कब्जा कर इस स्थिति तक भारत को पहुंचा दिया। तो यह कैसे संभव है कि जो विद्या धन सृजन और इच्छा के खिलाफ है उसने भारत को इतना समृद्ध बनाए की 17वीं शताब्दी में वैश्विक हिस्सेदारी 27% थी। स्पष्ट रूप से हम अपने जीवन सिद्धांतों के सार से चूक गए हैं।

शक्ति और इच्छा एक अलग दृष्टिकोण

हम देवत्व को अपने चारों ओर कहां देख सकते हैं ?

भगवान श्री कृष्ण कहते हैं कि - मैं बलवानों का बल हूं अर्थात बल का स्रोत कृष्ण है। वे इस बात को स्पष्ट करते हैं कि बल किसे माना जाए हमारी वर्तमान समझ के विपरीत ऐसा कोई व्यक्ति नहीं है जिसके पास एक मजबूत सक्षम शरीर और मांसपेशियां हो जो दूसरे को दूर से ही या अन्य भौतिक कर्म से भय में डाल दे।

दूसरी तरफ एक ऐसा व्यक्ति है जो सांसारिक वस्तुओं के प्रति इच्छा से रहित तथा राग की भावना से रहित है। विडंबना यह है कि शक्ति या बल की परिभाषा का भौतिक चीजों से कोई लेना-देना नहीं है। यह एक व्यक्ति की मानसिक स्थिति से संबंधित मुद्दा है। कृष्ण आगे कहते हैं कि वह सभी प्राणियों की इच्छा में जीवित प्राणियों के बीच मौजूद हैं जो धर्म के मूल सिद्धांत के साथ संघर्ष में नहीं है।

भगवान ने व्यक्ति को देवत्व से जोड़कर एक नई और विशिष्ट परिभाषा दी जो इस श्लोक में है यह बेहतर सोच की मांग के साथ है।

अध्याय 7/11

बलं बलवतां चाहं कामरागविवर्जितम्।

धर्माविरुद्धो भूतेषु कामोऽस्मि भरतर्षभ।।

हे अर्जुन बलवानों में काम और राग से रहित बल मैं हूं , मनुष्यों में धर्म से युक्त काम मै हूँ। भगवान कहते हैं कठिन से कठिन काम करते हुए भी अपने भीतर एक कामना (आसक्ति) रहित शुद्ध निर्मल उत्साह रहता है। काम पूरा होने पर भी " मेरा कार्य शास्त्र और धर्म के अनुकूल है " ऐसे विचार से मन में एक उत्साह रहता है। उसका नाम बल है।

यह बल भगवान का ही स्वरुप है इसके साथ ही भगवान ने 17 वें अध्याय के पांचवें श्लोक में कहा कि बल यदि कामनाओं और आसक्ति से युक्त है तो वह दुराग्रही और हठी होता है। अतः यह बल भगवान का स्वरूप नहीं हो सकता है। इस प्रकार गीता में कई जगहों पर इसी बल के स्वरूप के बारे में भगवान ने बताया है।

शक्ति एक मानसिक समस्या है

इच्छा और गहरे लगाव से रहित व्यक्ति को बलवान क्यों नहीं माना जाता है ? यह हमारा अनुभव है कि जो व्यक्ति जीवन में इन पहलुओं को दूर करने में असमर्थ है वह अपने अंदर कमजोरी विकसित कर लेता है चाहे वह कितना भी भौतिक रूप से बलवान क्यों ना हो।

कुछ उदाहरण लेते हैं यदि कोई व्यक्ति भोजन के प्रति अपने इच्छा और प्रलोभन को दूर करने में सक्षम नहीं है तो यह वास्तव में उसे व्यक्ति के लिए कमजोरी का प्रमुख स्रोत बन जाता है। उसे आसानी से पराजित किया जा सकता है और इस प्रलोभन का प्रयोग कर उसके भेदभाव करने की क्षमता को कमजोर किया जा सकता है। वह इन सब के आगे झुक जाता है और गलतियां करता है और भ्रमित हो जाता है। शराब,धन या अन्य के बारे में भी किसी भी कमजोरी के बारे में समान बातें कह सकते हैं।

यह एक शक्तिशाली हाथी की पकड़ने और पालतू बढ़ाने की अपनी गई विधि के समान है। तो इस प्रकार किसी को बलवान या मजबूत

बनाने के लिए हर दिन जिम जाने या घंटों तक व्यायाम करने की आवश्यकता नहीं है यह सब सिर्फ आपको शारीरिक रूप से मजबूत बनाते हैं। एक व्यक्ति संभावित रूप से अंदर से कमजोर हो सकता है।

दूसरी तरफ यदि हम मानसिक कमजोरी और प्रलोभनों को दूर करने में सक्षम है और बहुत ही स्वाभाविक तरीके से इन्हें आगे बढ़ाने में सक्षम होता है। इस प्रकार हमारे पास एक मजबूत व्यक्तित्व या मजबूत अंतर्मन होता है। ऐसा व्यक्ति किसी भी स्थिति में आत्मविश्वास से भरा और जीवन में विचार और उद्देश्य की स्पष्टता के साथ होता है। यह व्यक्ति शारीरिक रूप से कमजोर या दुबला हो सकता है।

देवत्व की इस पहलू की तरफ इशारा करते हुए कृष्ण दो बातें याद दिलाते हैं हम किस प्रकार इस तरह की मानसिक स्थिति का विकास करें। इस विचार के साथ ही हमें शक्ति की धारणा विकसित करनी चाहिए। इसे प्राप्त करने के लिए गंभीर प्रयास करने चाहिए और इसके लिए अथक खोज भी करनी चाहिए जो प्रभु की कृपा के बिना संभव है। यही कारण है कि व्यक्ति देवत्व का प्रतीक है।

दूसरा पहलू है जादूई परिवर्तन जो एक व्यक्ति को निम्न स्तर की इच्छाओं और प्रलोभनों के सांसारिक पहलुओं से आगे ले जाता है वह जीवन के उतार-चढ़ाव से अप्रभावित उच्च स्तर का मानसिक संतुलन विकसित करेगा। उसके जीवन में घटने वाली घटनाएं ,उसको विचलित नहीं करेंगे ।उस व्यक्ति का कोई प्रतिस्पर्धी नहीं होगा। उसकी पृष्ठभूमि में प्रतिद्वंदिता और तनाव की भावना खत्म हो जाएगी। यह सब देवत्व के कुछ संकेत हैं जो कृष्ण हमें इस श्लोक के माध्यम से बताना चाहते हैं।

कुछ इच्छाएं दिव्य हो सकती हैं

इस श्लोक का दूसरा महत्वपूर्ण दृष्टिकोण है कि हम अपनी सभी इच्छाओं को बुरे के रूप में न चित्रित करें। वास्तव में कुछ इच्छाएं दिव्य हो सकती हैं। स्लम बस्तियों में बच्चों को पढ़ना और उनके जीवन स्तर को ऊपर लाने की इच्छा। इसे क्या कहेंगे ?

विश्व प्रसिद्ध अरविंद हॉस्पिटल के संस्थापक डॉक्टर जी वेंकटेश स्वामी ने स्थापना के समय घोषणा की थी कि " मैं अंधापन को मिटा

दूंगा " । भगवान कृष्ण के अनुसार यह दिव्य इच्छाएं हैं हम इन इच्छाओं को कैसे पहचाने?

हम यह जानने की कोशिश करें कि हमारी इच्छाओं में मेरे लिए क्या है या मैं कितना पैसा बनाऊंगा और यदि यह अमीर या प्रसिद्ध होने की इच्छा से शुरुआत होती है तो इसे लंबे समय तक बनाए रखने की प्रवृति कम होती है।

ऐसा इसलिए कि समय के साथ आपसे जुड़े लोगों का उत्साह इस वजह से कम हो जाएगा। समय के साथ नई चुनौतियां आएंगी और यह ढह जाएगा। एक सामान्य ढांचे के बारे में कृष्ण बात करते हैं और बताते हैं कि , वह जो लंबे समय तक टिकाऊ है वह धर्म के साथ संघर्ष में नहीं होगा। क्योंकि धर्म की परिभाषा ही है जिसमें समर्थन करने और बनाए रखने की प्रवृत्ति हो।

यह हमारी आंख खोलने वाला दृष्टिकोण है। हमारे जीवन में कितनी भी इच्छाएं हो सकती हैं लेकिन उन सभी को धर्म की कसौटी पर खरा उतरना होगा इस प्रकार की स्थितियों में हम अपनी गतिविधियों के धनी होंगे और दिव्यता के साथ आगे बढ़ेंगे।

10

पारस्परिक निर्भरता

आज के युग में जीवन के मूल्य के रूप में व्यक्तिगत का प्रमुख प्रभुत्व है। हम संयुक्त परिवारों से एकल परिवार की ओर बढ़ रहे हैं। बच्चों को लगातार कड़ी मेहनत करना सिखाया जा रहा है ताकि वह पढ़ाई में उच्चतम हासिल कर सकें और जीवन की अन्य गतिविधियों में उत्कृष्ट हो सके। जो व्यक्ति अकेले अच्छे कार्य करता है उसे आज के समय में विश्व में प्रेरणा के रूप में देखा जाता है। समाज भी लोगों के व्यक्तिगत विकास को ही महत्व देता है। देश में भी लोगों को नागरिक समाज के सभी मामलों में व्यक्ति के एकत्व को ही ध्यान में रखकर निर्माण किया जाता है जिससे देश को आगे ले जाया जा सके। हर चीज पर सवाल उठाने की भावना और मुद्दे की अपनी समझ की तलाश करना आज के समय का एक और पहलू है इन सभी मामलों में मुख्य सूत्र व्यक्तिगत को बढ़ावा देना है।

समाज में भी कई अन्य विकास व्यक्तिगत सोच को बढ़ावा देते हैं। सभी को जीवन में अपनी पसंद बनाने और दुनिया में एक स्वतंत्र अस्तित्व रखने के लिए प्रोत्साहित करते हैं। उदाहरण के लिए क्रेडिट कार्ड और एटीएम के आगमन ने सामाजिक ताने-बाने को काट दिया है और व्यक्तिगत को बढ़ावा दिया है। जहां पर पहले अगर तत्काल धन की आवश्यकता होने पर हम मदद के लिए पड़ोसी यार रिश्तेदार को खोजने थे , जिससे हम पारंपरिक निर्भरता के गुण को दृढ़ता से महसूस किया

करते थे। परंतु आज हमें इसकी जरूरत नहीं है क्योंकि अब वह काम क्रेडिट कार्ड या एटीएम कर देता है। घर में बच्चों को अपना व्यक्तिगत टेबल कुर्सी बिस्तर बेडरूम विभिन्न व्यक्तिगत गैजेट की आवश्यकता होती है। बुजुर्ग माता-पिता भी अपने लिए एक अलग कमरा तथा टीवी की जरूरत रखते हैं व्यक्तिगत संस्कृति की यह सूची अंतहीन है।

व्यक्तिगत होने के खतरे

व्यक्तिगत के रूप में शुरू होने वाला विचार जल्दी ही निजी स्वार्थ में बदल जाता है और लोग अपनी संपत्ति इच्छा और जरूरत के प्रति बहुत संवेदनशील हो जाते हैं। और जीवन में इन चीजों के लिए मांग या सौदेबाजी करना आरंभ कर देते हैं जो इन्हें साझा करने वाली संस्कृति से दूर ले जाती है। क्योंकि साझा करना आसान नहीं होता। इसके अलावा जब हम यह सोचते हैं कि " मेरे लिए इसमें क्या है " तो अपना प्रभुत्व चाहने लगते हैं। इस प्रकार संयुक्त परिवार एक इकाई के रूप में चरम अवस्था पर अर्थहीन हो जाता है। चुकीं पति पत्नी व्यक्तिगत हो जाते हैं तो उनके बच्चे भी व्यक्तिगत होने लगते हैं। इसके परिणाम स्वरूप परिवार में बिखराव , तलाक , समाज में भावनात्मक रूप से प्रताड़ित बच्चे , अनाथ बच्चे , परिवार विहीन माता या पिता इत्यादि होते हैं। धीरे-धीरे यह विचार इतना आत्म केंद्रित प्रकृति की ओर बढ़ जाता है कि यह प्रकृतिक संस्था , समाज और सार्वजनिक संस्था को नुकसान पहुंचता है जिसमें वह अपने आराम और हकदारी की बात करता है।

पारस्परिक निर्भरता मशीन में चिकनाई वाले तेल की तरह होती है जो मशीन के सभी पार्ट को घूमने में मदद करता है। वह शोर और घर्षण को काम करता है और मशीन को गर्म होने से बचाता है। अगर इस तेल का हटा दिया जाए तो मशीन शोर करेगा और गर्म होकर बिखर जाएगा। हमारे जीवन में भी हम इन्हीं पहलुओं को देखते हैं। समस्या कहां है ? मुद्दे को कैसे सुधारा जाए ? शांति की भावना कैसे विकसित की जाए ? आइये इस पहलू पर भागवत गीता के विचार देखते हैं -

पारस्परिक निर्भरता स्थिरता के लिए महत्वपूर्ण

अगर हम प्रकृति को ध्यान से देखें तो एक पहलू जो स्पष्ट रूप से दिखाई पड़ता है वह है कि सारा ब्रह्मांड आपस में जुड़ा हुआ है अगर

उनमें से किसी चीज को हटा दें तो वह पूरी ब्रह्मांड की स्थिरता को हिला देगी । चाहे पृथ्वी पर नदी पर्वत पहाड़ जंगल समुद्र ही क्यों न हो सब कुछ एक व्यवस्थित तरीके से आपस में गुथे होते हैं। जब हम इन सब का उपयोग बिना सोचे समझे अनाप-शनाप तरीके करके इस तंत्र को में बाधा डालते हैं। तो प्रकृति इसका जवाब सुनामी , भूकंप या अम्लीय वर्षा के रूप में देती है। हम इन संबंधों की जटिलता के कारण इसका प्रत्यक्ष अवलोकन नहीं कर पाते इसका मतलब यह नहीं कि हम इसे अनदेखा कर दें। वर्तमान समय में जो प्राकृतिक उथल-पुथल है उसे इस पहलू से समझा जा सकता है।

भगवान कृष्ण अर्जुन को सलाह देते हैं कि हम जो कुछ भी समृद्धि या सफलता प्राप्त करते हैं उसमें हमें पारस्परिक निर्भरता के सिद्धांत का सम्मान करना चाहिए और इसकी आवश्यकता भी है। साझा करने और बिना शर्त देने की भावना ही यज्ञ का गुण व आधार है जिस सिद्धांत पर दुनिया में सब कुछ कायम है उदाहरण के लिए पेड़ अपने फल खुद नहीं खाता बिना शर्त वह जीवित लोगों को दे देता है , जल अपने आप को पी नहीं सकता वह सबके लिए वह सुलभ है। इसी प्रकार के तमाम उदाहरण है। भगवान कहते हैं -

अध्याय 3/11

देवान्भावयतानेन ते देवा भावयन्तु वः।
परस्परं भावयन्तः श्रेयः परमवाप्स्यथ।।

प्रजापति ब्रह्माजीने सृष्टिके आदिकालमें कर्तव्य-कर्मोंके विधानसहित प्रजा-(मनुष्य आदि-) की रचना करके (उनसे, प्रधानतया मनुष्योंसे) कहा कि तुमलोग इस कर्तव्यके द्वारा सबकी वृद्धि करो और वह कर्तव्य-कर्म-रूप यज्ञ तुमलोगोंको कर्तव्य-पालनकी आवश्यक सामग्री प्रदान करनेवाला हो। अपने कर्तव्य-कर्मके द्वारा तुमलोग देवताओंको उन्नत करो और वे देवतालोग अपने कर्तव्यके द्वारा तुमलोगोंको उन्नत करें। इस प्रकार एक-दूसरेको उन्नत करते हुए तुमलोग परम कल्याणको प्राप्त हो जाओगे।

इस यज्ञ के द्वारा देवताओं को उन्नत करो वे देवता तुम लोगों को उन्नत करें इस प्रकार निस्वार्थ भाव से एक दूसरे को उन्नत करते हुए

तुम लोग परम कल्याण को प्राप्त होंगे।

पारस्परिक निर्भरता के सिद्धांत के लिए यह परम आवश्यक है कि आपका कार्य फलेच्छा और आसक्ति का त्याग करके दूसरों के हित के लिए पारस्परिक निर्भरता की अवधारणा पर आधारित हो। यही भारतीय जीवन शैली की आधारशिला है। हमारे पूर्वज पौधे , समुद्र , नदी , पहाड़ , जानवर के साथ मिलकर रहते थे। वर्तमान समय में यह सिद्धांत हमारे जीवन से दूर होता जा रहा है। प्रकृति का दोहन बड़े पैमाने पर हो रहा है प्रगति के नाम पर या आधुनिक जीवन शैली के नाम पर मनुष्य ने पारिस्थितिक तंत्र में प्रकृति और अन्य जीवित प्राणियों के साथ सद्भाव से रहने की अपनी क्षमता खो देती है। इसका परिणाम एक छोटे से आंकड़े में है पिछले 200 वर्षों में लुप्त प्राय या विलुप्त जानवरों की संख्या पिछले 2000 वर्षों की तुलना में कहीं ज्यादा है। आज के समय में पारिस्थितिक तंत्र और जलवायु परिवर्तन एक बड़ी समस्या बनकर विश्व पटल पर उभरे हैं।

जीवन के कई पहलुओं में पारस्परिक निर्भरता महत्वपूर्ण है

यदि आप संगठन में प्रबंधक की भूमिका में है तो यह प्रथम सबक होगा जो आपके कार्य निर्वहन में सहायक होगा। यदि आप नेता हैं तो यही एक सफल रास्ता है जिसके सहारे आप आगे बढ़ सकते हैं। सरकार और समाज को आपसी निर्भरता के सिद्धांत पर काम करना चाहिए।

पारस्परिक निर्भरता का सिद्धांत व्यापक है यह मनुष्य और प्रकृति के सम्बन्धों को मजबूत ही नहीं करता बल्कि जीव और निर्जीव के बीच भी संबंध मजबूत करता है। अब समय है इसके प्रति जागने का। तभी हमें समृद्धि मिलेगी और हम इस धरती की रक्षा कर पाएंगे।

11

स्थिरता का सिद्धांत

जब भी वैश्वीक आर्थिक अस्थिरता आती है तो समाचार पत्र , टीवी के समाचार तथा पत्र पत्रिकाएं इस बात की तरफ इशारा करती हैं कि इस मंदी का असर अर्थव्यवस्था के विकास पर पड़ेगा , नौकरियों कम हो जाएंगी , कमाई तथा खर्च की क्षमता कम हो जाएगी तथा लोग अपनी आवश्यकता की पूर्ति नहीं कर पाएंगे। इस समस्या से निपटने का तरीका भी लोग बताते हैं जैसे अमेरिकी का एक खतरनाक नुस्खा है जो कहता है कि " आप तब तक खरीदें जब तक आप खरीदना बंद न कर दे " इसका सीधा अर्थ है यदि आप खरीदारी करते रहेंगे तो यह खपत को बढ़ते रहेगा , जो वस्तुओं और सेवाओं के निर्माण तथा वितरण को अधिकतम स्तर पर बनाए रखेगा , अर्थव्यवस्था फलेगी -फूलेगी और विनिर्माण और वितरण के बढ़ने से नौकरियां बढ़ेंगी । अब सवाल उठता है कि इस अस्थाई खपत इंजन के लिए पैसा कहां से आयेगा ? इसका सीधा जवाब है क्रेडिट कार्ड उद्योग जो कम समय के लिए धन उपलब्ध कराता है।

खपत के इंजन को चलाने के नियम

ऐसा लगता है कि हम इस प्रारूप के बारे में आश्वस्त है अन्यथा हम किस प्रकार देश में माल तथा सुपरमार्केट को तार्किक रूप से सिद्ध कर पाएंगे । तथा अचानक उनकी संख्या में वृद्धि की व्याख्या कैसे कर पाएंगे ।

खपत के इंजन को पूरी क्षमता से चलने के लिए हमें ऐसे वातावरण तैयार करने होंगे , जो पुराने वस्तुओं के जगह पर नए वस्तुओं को खरीदने में सहायक हो। 10 वर्ष पहले यह विचार था की वस्तुओं को नियोजित अप्रचलन (Planned Obsolescence) में लाया जाए अर्थात उपकरण का एक हिस्सा ऐसे डिजाइन करें जो कुछ वर्षों तक चलने के बाद उसे फेंकना पड़े या बदलना पड़े।

हालांकि आजकल एक नई प्रवृत्ति देखने में आई है जिसे कथित अप्रचलम (Perceived Obsolescence) कहा जा सकता है इस विधि में जब कोई वस्तु कार्यशील हो तभी उसे फेंकना या बदलने का कार्य करना चाहिए। इसके बारे में आजकल टीवी के विज्ञापन में भी यह देखने को मिलता है " एक्सचेंज ऑफर के रूप में"। सरल शब्दों में यह विचार इस महत्वपूर्ण धरणा पर काम करता है कि प्रकृति को मानव जाति द्वारा निर्मम और बेपरवाह तरीके से शोषण के लिए बनाया गया है। दुर्भाग्य से यही इस मॉडल की सबसे बड़ी खामी है यह अज्ञानता की पराकाष्ठा है।

आज इस बात को लेकर सारा वैज्ञानिक विचारक समाज चिंतित है कि किस प्रकार प्रकृति तथा उसकी जैव - विविधता को संरक्षित किया जाए। उन्हें इस बात का एहसास नहीं है कि अगर विवेक प्रबल हो तो हमें केवल खुद को बचाने की जरूरत है। हम जैसे साधारण मनुष्य से प्रकृति को किसी सहायता की आवश्यकता ही नहीं है। प्राकृतिक प्रणालियों में अपने सुधार के लिए अंतर निहित तंत्र होता है और एक बार वह चालू हुआ तो हम कहीं के नहीं होंगे। हम जिन्हे प्राकृतिक आपदा का नाम देते हैं वह इस प्रणाली के चालू होने का संकेत है। हमारे पूर्वज चिंतकों ने इस बारे में क्या कहा है आइये गीता में भगवान कृष्ण के विचार को देखते हैं -

यज्ञ : जीने के लिए आदर्श सूत्र

यज्ञ एक भव्य अवधारणा है जिसका विशिष्ट विवरण भगवान कृष्ण ने गीता में अध्याय 3 और 4 में किया है यहां पर हम यज्ञ के कुछ पहलुओं को देखेंगे। भगवान कृष्ण ने उल्लेख किया है - कि जब प्रजापति ने ब्रह्मांड में मानव और अन्य जीवित जीवों का निर्माण किया तो

उन्होंने यज्ञ की अवधारणा का भी सह-निर्माण किया उन्होंने कहा कि यज्ञ के सिद्धांत का सम्मान कर जीव अपनी इच्छा की पूर्ति कर सकता है।

अध्याय 3/10

सहयज्ञाः प्रजाः सृष्ट्वा पुरोवाच प्रजापतिः।
अनेन प्रसविष्यध्वमेष वोऽस्त्विष्टकामधुक्॥

प्रजापति ब्रह्माजीने सृष्टिके आदिकालमें कर्तव्य-कर्मोंके विधानसहित प्रजा-(मनुष्य आदि-) की रचना करके उनसे (प्रधानतया मनुष्योंसे) कहा कि तुमलोग इस कर्तव्यके द्वारा सबकी वृद्धि करो और वह कर्तव्य-कर्म-रूप यज्ञ तुमलोगोंको कर्तव्य-पालनकी आवश्यक सामग्री प्रदान करनेवाला हो। अपने कर्तव्य-कर्मके द्वारा तुमलोग देवताओंको उन्नत करो और वे देवतालोग अपने कर्तव्यके द्वारा तुमलोगोंको उन्नत करें। इस प्रकार एक-दूसरेको उन्नत करते हुए तुमलोग परम कल्याणको प्राप्त हो जाओगे।

आमतौर पर यज्ञ शब्द हमारे दिमाग में एक विधि का उल्लेख करता है जिसमें कुछ लोगों की एक निश्चित उम्मीद के साथ एक देवता को भेंट दिया जाता है। यह यज्ञ को पूर्ण भावनाओं को व्यक्त नहीं करता। आइये इस पर थोड़ा गहराई से विचार करते हैं - यज्ञ का महत्वपूर्ण पहलू , लगाव की भावना के बिना देना होता है। यही कारण है की प्रतीकात्मक रूप से प्रत्येक भेंट के अंत में नमम " मेरा नहीं है " के साथ समाप्त होता है। भगवान कृष्ण आगे कहते हैं -

अध्याय 3 /12

इष्टान्भोगान्हि वो देवा दास्यन्ते यज्ञभाविताः।
तैर्दत्तानप्रदायैभ्यो यो भुङ्क्ते स्तेन एव सः॥

यज्ञसे भावित (पुष्ट) हुए देवता भी तुमलोगोंको (बिना माँगे ही) कर्तव्य-पालनकी आवश्यक सामग्री देते रहेंगे। इस प्रकार उन देवताओंसे प्राप्त हुई सामग्रीको दूसरोंकी सेवामें लगाये बिना जो मनुष्य स्वयं ही उसका उपभोग करता है, वह चोर ही है।आगे कहते हैं

अध्याय 3 /13

यज्ञशिष्टाशिनः सन्तो मुच्यन्ते सर्वकिल्बिषैः।

भुञ्जते ते त्वघं पापा ये पचन्त्यात्मकारणात्।।

यज्ञशेष- (योग-) का अनुभव करनेवाले श्रेष्ठ मनुष्य सम्पूर्ण पापोंसे मुक्त हो जाते हैं। परन्तु जो केवल अपने लिये ही पकाते अर्थात् सब कर्म करते हैं, वे पापीलोग तो पापका ही भक्षण करते हैं।जो पापी लोग अपना शरीर पोषण के लिए अन्य पकाते हैं वे तो पाप को खाते हैं।

उपरोक्त श्लोक में तीन स्थितियां उत्पन्न होती हैं -

1. यज्ञ साझा करने की भावना के साथ है।
2. यज्ञ प्रकृति को वापस करने की भावना के साथ है।
3. तथा यज्ञ स्वार्थी भावना के साथ नहीं है।

यह तीनों मिलकर लंबे समय में स्थिरता सुनिश्चित करने के लिए केंद्रीय भूमिका निभाते हैं। सभी प्राकृतिक प्रणालियाँ अपने Critical अवस्था में हमेशा रहती है , प्रणाली में कोई भी परिवर्तन तुरंत प्रभाव में आकर प्रणाली को संतुलन की स्थिति में ले आता है।

यज्ञ और स्थिरता

साझा करने और प्राकृतिक प्रणाली में वापस देने की सांस्कृतिक विकसित होने से दो स्तरों पर स्थिरता सुनिश्चित होती है। इस प्रक्रिया का तार्किक परिणाम प्राकृतिक प्रणालियों की स्थिरता है क्योंकि संसाधनों का प्रयोग सोच समझकर किया जाएगा। तथा दूसरी तरफ प्रकृति का निर्मम शोषण नहीं होगा। यही नहीं हमारी इस प्रक्रिया में प्रकृति को पुनस्थार्पित करने का प्रयास भी होगा। साथ ही प्राकृतिक संसाधनों का अपव्यय कम होगा।

इसे एक सरल उदाहरण से समझिए - कैसे एक पेड़ अपने जीवन को जीता है पेड़ का हर भाग किसी न किसी रूप में सभी प्रकार के जीव के काम आता है। समाज के प्रत्येक व्यक्ति को साझा करने के सिद्धांत से व्यवस्थित करना चाहिए। साझा करना हमारे जीवन का कर्तव्य और अभिन्न पहलू है क्या साझा किया जाए इसकी कोई सीमा नहीं है यह ज्ञान , धन , संसाधन , प्रेम , दयालुता लोगों को स्वस्थ और शिक्षा को लेकर भी हो सकता है।

यह साझा करने की भावना सामाजिक स्थिरता का वातावरण बनाएगी। सामाजिक संकटों को दूर करेगी। यदि हम इस सिद्धांत की अवहेलना करते हैं तो गरीब तथा अमीर के बीच खाई बढ़ेगी , सामाजिक अशांति , अपराध वृद्धि , हत्या वृद्धि , कुंठाओं की वृद्धि होगी । हम पहले ही देश में इन सबको देख रहे हैं। आइये हम एक स्वस्थ शांतिपूर्ण और सुरक्षित समाज के निर्माण में अपनी छोटी से भूमिका निभाएं , जो दूसरों के लिए अनुकरणीय हो।

12

सतत प्रतिबद्धता

नया साल आने पर या कुछ खास मौकों पर कई लोग अपनी आदत सुधारने के संकल्प लेते हैं। उदाहरण के लिए कोई मोटापा कम करने के लिए बेहतर खाने का संकल्प लेता है। कोई शारीरिक फिटनेस में सुधार के लिए व्यायाम या योग करने का संकल्प लेता है। कोई जंक फूड बंद करने का संकल्प लेता है। बुजुर्ग लोग सत्संग में जाने का संकल्प लेते हैं। कुछ लोग अपनी बुरी आदतों को छोड़कर नई आदत विकसित करने या सीखने का संकल्प लेते हैं।

यदि आप इन संकल्पो का विश्लेषण करें तो आपको आयु लिंग राष्ट्रीयता शैक्षिक पृष्ठभूमि अथवा समाज में व्यक्ति की स्थिति पर ध्यान दिए बिना , कुछ सामान्य तत्व मिलेंगे। इन सभी के विचार के पीछे एक अच्छा इरादा है हालांकि अधिकांश मामलों में एक या दो पखवाड़े के बाद उन्होंने विचार छोड़ दिया होता है और वापस पुराने रास्ते पर आ गए होते हैं।

लोग क्यों अपने उत्तम विचार को छोड़ देते हैं ? इसी प्रश्न के गर्भ में " निरंतर या सतत प्रतिबद्धता विकसित कैसे करें ? " का प्रश्न खड़ा है सभी के जीवन में चाहे आध्यात्मिक हो या धार्मिक , सामाजिक हो या भौतिकवादी सभी में गतिविधियों में निरंतर प्रतिबद्धता की आवश्यकता होती है। यदि कोई यह समझ ले की सतह प्रतिबद्धता कैसे बनाई जाए तो , वह उसका बार-बार प्रयोग , विभिन्न परिस्थितियों में

कर सकता है और वह व्यक्ति निश्चित ही सफल होगा। निसंदेह यह हमारे जीवन के लिए एक उपयोगी कौशल है।

समस्या का स्रोत क्या है ?

भगवान कृष्ण इस संबंध में हमारे सामने आने वाली समस्या का प्रत्यक्ष और सरल निदान करते हैं। उनके अनुसार स्वयं से यह पूछना जरूरी है कि हमारी प्रतिबद्धता की भावना कितनी गहरी है। उथली प्रतिबद्धता का अर्थ है कि हमारा मन उस प्रतिबद्धता का हिस्सा नहीं है।

हमने अपने इंद्रियों को रोक रखा है परंतु हमारा दिमाग मन उसी को हमेशा सोचता रहता है। भगवान कृष्ण के अनुसार इस तरह का दृष्टिकोण पाखंडी मिथ्याचार है। ऐसे स्तर की प्रतिबद्धता वाले लोग मूर्ख हैं। भगवान कहते हैं

अध्याय 3/6

कर्मेन्द्रियाणि संयम्य य आस्ते मनसा स्मरन्।
इन्द्रियार्थान्विमूढात्मा मिथ्याचारः स उच्यते।।

जो कर्मेन्द्रियों- (सम्पूर्ण इन्द्रियों-) को हठपूर्वक रोककर मनसे इन्द्रियोंके विषयोंका चिन्तन करता रहता है, वह मूढ़ बुद्धिवाला मनुष्य मिथ्याचारी (मिथ्या आचरण करनेवाला) कहा जाता है।

जो मूढ़ व्यक्ति है हठ पूर्वक समस्त इंद्रियों को तो बस में करता है , परंतु मन से इंद्रियों के विषयों का चिंतन करता रहता है , वह मिथ्याचारी अर्थात दम्भी कहा जाता है।

यदि हम भगवान कृष्ण की कही बातों को अपने निरंतर प्रतिबद्धता बनाने की विफलताओं को जोड़ें तो तमाम निष्कर्ष निकाले जाते हैं। यदि मन प्रतिबद्धता प्रक्रिया में सक्रिय रूप से शामिल नहीं है , तो लाभ अस्थाई होगा , ऐसा इसलिए क्योंकि मन सहयोग नहीं करेगा और मालिक बन जाएगा और बुद्धि को अपना गुलाम बना लेता है।

मन आश्चर्यजनक तरीके से असंख्य तरीकों से काम करेगा और बुद्धि को अपने लाभ के लिए निर्देशित करेगा। उदाहरण के लिए कुछ दिनों के जंक फूड न खाने के बाद मन यह तर्क देगा की मूल समस्या को हल करने में यह आवश्यक क्यों नहीं है। मोटापे के अन्य कारण हो सकते

हैं एक अन्य उदाहरण में मन इस निष्कर्ष पर पहुंचता है कि सुबह जल्दी उठना और सत्संग में जाना कोई महत्वपूर्ण लाभ नहीं दे रहा है।

सबसे ज्यादा चिंताजनक बात यह है कि अब यह नया रूप अपने दोगुनी ताकत के साथ सामने आएगा। कुछ समय के लिए भोजन की आदत को रोकने के बाद व्यक्ति प्रतिशोध के साथ दोगुनी ताकत से पुरानी आदत में लौटता है और वह अनियंत्रित होकर खाता है और एक दिन उपवास के बाद अगले दिन ज्यादा खाने का अभ्यास बन जाता है और यह उपवास के फायदे को शून्य कर देता है या उलट कर देता है।

जिस प्रकार दीर्घकालिक बुरे प्रभाव को अल्पकालिक लाभ और अधिक असंतुलित कर देता है यही कारण है कि भगवान कृष्ण ने इसे पाखंडी या मिथ्याचारी व्यवहार के रूप में संदर्भित किया है, और मन में इतनी शक्ति है कि वह पूरी प्रणाली को सजा देता है।

मन पर नियंत्रण

निरंतर प्रतिबद्धता के लिए आवश्यक रूप से भगवान कृष्ण ने निर्धारित किया कि इस तरह की खोज के लिए प्रारंभिक बिंदु पहले मन को नियंत्रित करना है और उसके माध्यम से इंद्रियों को नियंत्रित करना है। अनासक्ति के साथ किया गया कोई भी कार्य उत्कृष्टता को जन्म देता है।

अध्याय 3/7

यस्त्विन्द्रियाणि मनसा नियम्यारभतेऽर्जुन।
कर्मेन्द्रियैः कर्मयोगमसक्तः स विशिष्यते।।

हे अर्जुन! जो मनुष्य मनसे इन्द्रियोंपर नियन्त्रण करके आसक्तिरहित होकर (निष्काम भावसे) समस्त इन्द्रियोंके द्वारा कर्मयोगका आचरण करता है, वही श्रेष्ठ है।

अर्थात हे अर्जुन जो मन से इंद्रियों को बस में करके अनासक्त हुआ समस्त इंद्रियों द्वारा कर्म योग का आचरण करता है वही श्रेष्ठ है। निरंतर प्रतिबद्धता विकसित करने में केंद्रीय भूमिका मन के साथ इंद्रियों का नियंत्रण करना है। एक बार जब यह कौशल विकसित हो जाता है तो हम अपने जीवन में सफल होंगे।

मन को बुद्धि का गुलाम बनना

इसका सीधा सा अर्थ है कि बुद्धि मलिक की भूमिका में हो और मन दास की भूमिका में। एक गुलाम मन कई नखरे नहीं करेगा और ईमानदारी से इंद्रिय, बुद्धि के अनुसार निर्देशित होगा और निरंतर प्रतिबद्धता सुनिश्चित करेगा। इसलिए यह उपाय तथा साधन प्राप्त किया जाए जिससे मन को बुद्धि के नियंत्रण में लाया जाए।

बुद्धि के पास भेदभाव करने की विवेक की शक्ति है और मन को गुलाम बनाने में बुद्धि की इसी शक्ति का प्रयोग करना चाहिए। विवेक जागृत करना चाहिए और इसके साथ दृढ़ विश्वास विकसित करना चाहिए। अपनी प्रतिबद्धता के प्रति पुरानी प्रथाओं को बदलने और नए को लाना चाहिए यह यथाशक्ति को बदलने के बारे में है।

इसमें कुछ असुविधा होगी और समय भी लगेगा प्रयास भी करना होगा इसका अर्थ एक परिचित इलाके से बाहर आना और नए प्रयोग करना और सीखना। यही कारण है कि कुछ दिनों के बाद अपनी प्रतिबद्धता से लोग दूर हो जाते हैं। इसका दूसरा पहलू व्यवहार में सकारात्मक परिवर्तन से है। एक बार जब हम नई प्रतिबद्धता के बारे में आस्वस्त हो जाते हैं तब यह स्वाभाविक रूप से कार्य करता है।

और अंत में कृष्ण कहते हैं परिणाम की अनासक्ति की भावना विकसित करना। जो भले ही हम सक्रिय रूप से संलग्न हो, हमें मन को आसानी से बस में करने में मदद मिलती है। आइये इस भाव के साथ आगे बढ़े और आध्यात्मिक और सामाजिक कार्यों में प्रगति के पथ पर अग्रसर हो।

13

एकाग्रता

एक सामान्य घटना जिसे हम जीवन के सभी क्षेत्रों में देखते हैं। वह है कि जब दो लोग एक समान गतिविधि में संलग्न होते हैं तो उनकी सफलता भिन्न-भिन्न होती है। यह छात्रों में अक्सर देखने को मिलता है कि जब दो छात्र समान समय अवधि तक पढ़ते हैं तो भी उनके अंकों में अंतर होता है कोई 90% से ऊपर पाता है तो कोई 60 % अंक ही प्राप्त करता है। इसी प्रकार कल कारखाने में काम करने वाले दो लोगों के कार्य परिणाम भिन्न होते हैं हालांकि वे दोनों एक समान गतिविधि में शामिल है। एक ग्रहणी खाना पकाने में जहां 3 घंटे लगती है वहीं दूसरी पांच घंटे लेती है। तब भी उसे संतुष्टि नहीं मिलती है।

खराब प्रदर्शन के लिए विभिन्न कारको को जिम्मेदार ठहराना कोईअसामान्य बात नहीं है। अक्सर लोग , लोगों की योग्यता स्तर में अंतर को प्रमुख कारक मानते हैं वह इस निष्कर्ष पर आते हैं कि एक के पास दूसरे की तुलना में बेहतर ज्ञान है , कुछ लोग भाग्य को कारक मानते हैं और कहते हैं कि दूसरा व्यक्ति भाग्यशाली है इसलिए बेहतर है। यदि आप गहराई से विश्लेषण करते हैं तो कुछ अन्य कारण भी मिलते हैं जैसे कि जो काम अच्छी तरह से करता है वह दूसरे की तुलना में बेहतर रवैया रखता है।

हालांकि इनमें से कई आंशिक रूप से सत्य है फिर भी वह समान पृष्ठभूमि और बौद्धिक स्तर के लोगों के प्रदर्शन और उपलब्धियां के

स्तर में देखें तो मुख्य कारक अस्पष्ट है। भगवान कृष्ण गीता में इस समस्या का निदान अध्याय 2 में अपने विचार से करते हैं।

काम प्रदर्शन का मूल कारण

भगवान कृष्ण समस्या को मन की एकाग्रता और बुद्धि से जोड़ते हैं एक व्यक्ति को मुद्दे पर ध्यान केंद्रित नहीं करने के कारणों को समझना होगा तभी सुधार की गुंजाइश अधिकतम होगी।

भगवान कृष्ण कहते हैं कि हमें सफल होने के लिए व्यवसायिक बुद्धि विकसित करनी होगी व्यवसायिक का अर्थ है जबरदस्त दृढ़ संकल्प और प्रयास। इसीलिए भगवान कृष्ण कहते हैं कि जबरदस्त दृढ़ संकल्प विकसित करने के लिए बुद्धि का एक बिंदु पर होना आवश्यक है। इसके विपरीत अव्यवसायिक वह है जो अपने को विचलित रूप में रखता है और कई विचारों में विभाजित होता है। विचार वास्तव में असंख्य भी हो सकते हैं।

अध्याय 2/41

व्यवसायात्मिका बुद्धिरेकेह कुरुनन्दन।
बहुशाखा ह्यनन्ताश्च बुद्धयोऽव्यवसायिनाम्।।

हे कुरुनन्दन! इस समबुद्धिकी प्राप्तिके विषयमें व्यवसायात्मिका बुद्धि एक ही होती है। अव्यवसायी मनुष्योंकी बुद्धियाँ अनन्त और बहुशाखाओंवाली ही होती हैं।

उपर्युक्त श्लोक समस्या को अच्छी तरह से स्पष्ट करता है यदि आप कार्य स्थल पर कम कार्य कुशल व्यक्ति को देखेंगे तो आपको पता चलेगा कि वह एक विचलित व्यक्ति है। एक हल्का सा शोर या चलती वस्तु उसको अपने कार्य से हटाने के लिए पर्याप्त है। वह अपनी इंद्रियों को कार्य से हटाकर गुजरने वाली घटना को देखता रहेगा। मन इन सभी जानकारी को संसाधित करेगा बुद्धि उसका विश्लेषण करेगी तथा इसमें अपने प्रभाव और भाव को जोड़ेगा जो अनावश्यक होगा। यह सब , कार्य शुरू होने के कुछ समय पहले होगा। कुछ समय बाद एक इसी तरह का विचलन तथा गड़बड़ कर और नुकसान पहुंचाएगा और यह प्रक्रिया लगातार चलती रहेगी। इस तरह दिन के अंत में कार्य क्षमता प्रभावित हो जाएगी।

एकाग्रता

भगवान कृष्ण अपने आगे कहते हैं कि व्यावसायिक बुद्धि व्यक्ति की एकाग्रता के ऐसे स्तर को विकसित करने में सक्षम बनाती है कि व्यक्ति में विचारात्मक शांति या गहन चिंतन की पूर्ण अवस्था की स्थिति में पहुंच जाता है। अर्थात समाधि तक पहुंच जाता है। यह मन को विचलित करने वाले विचारों से विचलित होने की अनुमति नहीं देगा।

वास्तव में भगवान कृष्ण प्रतिवाद का प्रयोग कर इस पहलू को समझाते हैं वे कहते हैं - अल्पकालिक सुखों से प्रायोजित चित् विचलित विचारों से प्रभावित होकर अपनी व्यावसायिक बुद्धि को पूर्ण शांति की स्थिति में नहीं ला सकता।

अध्याय 2 /44

भोगैश्वर्यप्रसक्तानां तयापहृतचेतसाम्।

व्यवसायात्मिका बुद्धिः समाधौ न विधीयते।।

उस पुष्पित वाणीसे जिसका अन्तःकरण हर लिया गया है अर्थात् भोगोंकी तरफ खिंच गया है और जो भोग तथा ऐश्वर्यमें अत्यन्त आसक्त हैं, उन मनुष्योंकी परमात्मामें निश्चयात्मिका बुद्धि नहीं होती।

उपरोक्त श्लोक स्पष्ट रूप से भगवान इस तत्व की ओर इशारा करते हैं कि किसी गतिविधि को प्रभावी ढंग से करना केवल दिमाग का खेल है भाग्य या अन्य बाहरी कारकों से प्रभावित होने की गुंजाइश नहीं होती है। यह वास्तव में हमारी गतिविधियों को सबसे प्रभावी ढंग से निर्वहन करने के लिए एक महत्वपूर्ण कदम है। इसका दूसरा परिणाम यह है कि इसके निरंतर अभ्यास से हम अधिक मानसिक शक्ति , चित् की शांति और जीवन के प्रति अधिक स्पष्टता विकसित कर सकते हैं। यह रोजमर्रा के कार्यों के लिए भी बहुमूल्य है। यह आध्यात्मिक गतिविधियों के लिए भी अनमोल है। इस प्रकार भगवान कृष्ण एक में दो नुस्खा देते हैं।

एकाग्रता की शक्ति का विकास

ध्यान के माध्यम से एकाग्रता को विकसित करना अच्छा है। ध्यान मन को शांत करने में मदद करता है , विचार तरंगों को कम करता है जो कुछ मिनट से कई घंटे तक के लिए हो सकता है। एक बार जब विचारों

की श्रृंखला टूट कर कम पर आ जाती हैं तब एक बिंदु पर केंद्रित होने की संभावना बढ़ जाती है।

हालांकि लोगों को कुछ व्यावहारिक समस्याओं का सामना करना पड़ सकता है, जैसे अन्य गतिविधियों में व्यस्त रहना, समय न निकाल पाना, अगर समय है तो विचलित होकर अन्य गैजेट्स या सोशल मीडिया से खुद को न बचा पाना।

यह सभी पांचो इंद्रियों को उलझये रखते हैं और मन को शांत करने की बजाय उद्वेलित करते जाते हैं। इस प्रकार एकाग्रता की शक्ति विकसित करना एक धीमी और सतत प्रक्रिया है क्योंकि इसमें मन शामिल है।

ध्यान के लिए समय निकालने के लिए अपने व्यवहार दृष्टिकोण और जीवन शैली में बदलाव की आवश्यकता है। इस पर गंभीरता से विचार सार्थक हो सकता है। युवा इस आदत को विकसित करने का वास्तविक प्रयास कर सकते हैं। जैसे-जैसे हम इस पथ पर आगे बढ़ेंगे ये मूल्यवान लगने लगेंगे।

आज की शिक्षा प्रणाली में युवाओं को कई कौशल सिखाए जाते हैं , जिसमें रचनात्मक होना , विचारों और नवाचार के विचार मंथन , विश्लेषणात्मक कौशल आदि शामिल है। परंतु मन को शांत और स्थिर कर ध्यान केंद्रित करने का कौशल नहीं सिखाते। एकाग्रता एक प्रकार का ब्रेन स्टिलिंग है जो ब्रेन स्ट्रॉमिंग के उलट है। हमें भगवान कृष्ण पर विश्वास करना चाहिए और सक्रिय रूप से प्रतिदिन कम से कम 30 मिनट शांति से बैठने का प्रशिक्षण शुरू करना चाहिए।

14

परिवर्तन

व्यक्ति के व्यक्तिगत , पेशेवर और सामाजिक जीवन में हर समय परिवर्तन होते रहते हैं। परंतु हर कोई इस वास्तविकता से बचता रहता है और कभी-कभी तो इससे बुरी तरह प्रभावित भी होता है। हम में से अधिकांश लोग व्यक्तिगत स्तर पर इस परिवर्तन में प्रतिकूल प्रभाव देखते हैं और एक अप्रिय स्थिति तक पहुंच जाते हैं।

कुछ चरम मामलों में इसका प्रभाव बहुत लंबी अवधि के लिए महसूस किया जाता है। यह एक सार्वभौमिक नियम है यह हमें किस हद तक प्रभावित करता है यह सब पर अलग-अलग है। कुछ मामलों में यह परिवर्तन प्रतिकूल स्तर तक देखा जा सकता है। उदाहरण के लिए नौकरी खोना या पदोन्नति से इनकार , ऐसी घटना है जो हमारे जीवन में बदलाव करती है और एक हद तक प्रभावित भी करती है। माता-पिता का देहांत अप्रिय अनुभव के साथ परिवर्तन लाता है। युवा कभी-कभी अपरिचित जगह पर काम करने से इनकार कर देते हैं यह उन्हें एक सांस्कृतिक झटके की तरह लगता है जो अधिक परिवर्तनकारी तथा असहनीय होता है। विवाह हर व्यक्ति के जीवन में बड़ा बदलाव लाता है यह उन्हें दिन प्रतिदिन के जीवन में एक नए रास्ते पर ले जाता है।

संगठन के स्तर यह परिवर्तन के मुद्दे ज्यादा गंभीर और चुनौती पूर्ण होते हैं। किसी गतिविधि को करने के तरीके में परिवर्तन का विरोध ताकतवर होता है। यहां तक की स्थिति आ जाती है कि यह विरोध

हड़ताल का रूप ले लेता है। हालांकि इसका दूसरा पहलू यह है कि कर्मचारी ज्यादा वेतन की मांग और बेहतर कार्य स्थल की मांग करते है। यह सब एक अज्ञात डर से होता है। इसीलिए बड़े संगठनों के प्रबंधक उन परिवर्तनों की प्रतिकूल नतीजे के बारे में ज्यादा चिंतित होते हैं और विशेषज्ञ और सलाहकारों के माध्यम से परिवर्तन प्रबंधन कार्यक्रम की योजना बनाते हैं। संक्षेप में परिवर्तन प्रबंधन परिवर्तन के लागू होने का सामना करने के लिए तैयार होने के बारे में है।

परिवर्तन की गतिशीलता

परिवर्तन की एक गतिशीलता है जिससे हम अक्सर अनदेखा करते हैं और उसे संज्ञान में लेने की जरूरत होती हैं। भले ही हमें शुरुआत में बदलाव पसंद आया या नहीं हो , हमें इसकी आदत हो जाती है और कुछ समय बाद सब सामान्य हो जाता है। बेंगलुरु में रहने वाला एक व्यक्ति बहुत अधिक गर्मी और पसीने के कारण चेन्नई जैसे शहर में रहने की संभावना पर बात कर सकता है , हालांकि चेन्नई पहुंचकर काम शुरू करने में कुछ समय बाद परिवर्तन के सारे प्रतिरोध खत्म हो जाते हैं। एक व्यक्ति अपनी मां या पत्नी को खोने के बाद पूरा जीवन दुखी नहीं रहता , कुछ समय के बाद सामान्य स्थिति में वापस आ जाता है और अपने दैनिक कार्य को जारी रखता है।

व्यक्तियों द्वारा प्रदर्शित इस व्यवहार पैटर्न में एक संदेश छिपा है वह है इन गड़बड़ियों के बाद भी प्राकृतिक अवस्था में लौटने की प्रवृत्ति। इसीलिए परिवर्तन प्रबंधन जो कुछ कर सकता है वह है " कम तनाव के साथ प्राकृतिक स्थिति में लौटने की प्रक्रिया को सुविधाजनक बनाना " ।

इससे सवाल उठता है कि ऐसा क्यों है कि कुछ लोग परिवर्तन को समायोजित करने में असमर्थ हैं जबकि अन्य कर सकते हैं। यह प्राकृतिक अवस्था क्या है और यदि कोई जीवन के इस पहलू को समझता है तो क्या होता है , क्या परिवर्तन इतना भयानक है कि यह कई लोगों में नकारात्मक भावना ले आता है। भगवान कृष्ण हमें अपरिवर्तित की धारणा के पहलुओं को समझने में मदद करते हैं।

अपरिवर्तिता की धारणा

भगवान कृष्ण के अनुसार , असल समस्या चीजों , घटनाओं और परिणाम के बीच वास्तविकता की सही समझ विकसित करने में असमर्थता से है। परिवर्तन एक अस्थाई अवधि के लिए होता है और उसके बाद में नहीं होता है जिसे असत कहते हैं। और जो अस्थाई रूप में है वह सत कहा जाता है।

भगवान कृष्ण अर्जुन को याद दिलाते हैं की असत का कोई अस्तित्व नहीं होता अर्थात उसका कोई सार्थक गुण या भाव नहीं होता है। अगर इसके विपरीत तर्क करें तो जहां अस्तित्व का कोई गुण नहीं होता , को सत के रूप में नहीं पहचाना जा सकता।

वह घोषणा करते हैं कि जिस व्यक्ति ने इस तरह की समझ विकसित की है उसने जीवन में वास्तविकता घटनाओं और परिणाम के पीछे की सच्चाई को जानने की कला हासिल कर ली है।

अध्याय 2 /16

नासतो विद्यते भावो नाभावो विद्यते सतः।

उभयोरपि दृष्टोऽन्तस्त्वनयोस्तत्त्वदर्शिभिः।।

असत् का तो भाव (सत्ता) विद्यमान नहीं है और सत् का अभाव विद्यमान नहीं है, तत्त्वदर्शी महापुरुषोंने इन दोनोंका ही अन्त अर्थात् तत्त्व देखा है।

अर्थात जो कुछ भी परिवर्तनशील है अर्थात असत है उसका भाव नहीं है और जो कुछ भी अपरिवर्तनशील है अर्थात सत् है इसका अभाव नहीं है। इस श्लोक का महत्वपूर्ण निहितार्थ जीवन में हर चीज के परिवर्तन और परिवर्तनहीन पहलुओं को समझने के लिए आवश्यक है।

परिवर्तनहीनता को समझने में हमारी असमर्थता उन सभी समस्याओं का मूल कारण है जिसका हम सामना करते हैं। एक और महत्वपूर्ण बात यह है कि हमारे आंतरिक स्व में हमेशा जीवन के परिवर्तनहीन पहलुओं को बढ़ाने की स्वाभाविक प्रकृति होती है। यह तथ्य कि माता-पिता भाई-बहन जीवनसाथी शुभचिंतक हमारे जीवन के अस्थाई पहलू नहीं है , कहीं न कहीं हमारे दिल के एक कोने में रहता है , इसलिए कुछ समय बाद जब वास्तविकता सामने आती है , तब एक व्यक्ति अपने प्रिय के मृत शरीर पर रोता है बेहोश होता है और थक जाने

पर मृत शरीर के पास गहरी नींद में सो जाता है।

इसीलिए जीवन की घटनाओं को अच्छी तरह से समझने के लिए उपयुक्त स्थिति में होना आवश्यक है तथा परिवर्तनहीनता के आयाम को स्पष्ट रूप से समझना जरूरी है जिन लोगों ने भगवान कृष्ण के अनुसार यह कौशल हासिल कर लिया है वह तत्वदर्शी है।

हर चीज में अपरिवर्तनशीलता की खोज करें

सरल शब्दों में यह सुझाव देता है कि परिवर्तन प्रबंधन जीवन के पहलुओं में परिवर्तन हीनता के साथ खुद को आत्मसात करने में है। जिससे हम परिवर्तन होते देख सकते हैं कि जीवन के सभी भौतिक पहलू हमेशा परिवर्तनशील प्रकृति के हैं। मानव शरीर अपनी कोशिकाओं को लगातार बदलता रहता है और एक समय के बाद यह परिवर्तन इतना हो जाता है कि एक दिन यह शरीर छूट जाता है। इसीलिए शरीर के बदलते पहलुओं को अनुचित महत्व देना दुख का स्रोत हो सकता है। हम इस निष्कर्ष पर पहुंचते हैं कि हमें प्रभावित करने वाली कई घटनाएं तथा परिवर्तन प्रक्रिया के माध्यम केवल अस्थाई हैं।

पदोन्नति को इनकार करने की घटना भी अस्थाई है और कुछ समय के बाद यह इसके जो प्रति जो उलटी भावना है वह पृष्ठभूमि में चली जाती है यदि यह एहसास घटना के घटते समय पर हो तो हम वास्तविकता को बेहतर ढंग से समझ सकेंगे और सामान्य अवस्था में तेजी से आएंगे।

अतः हम जब भी अपने चारों ओर से हो रहे परिवर्तन से उत्पन्न अप्रिय स्थिति का सामना करते हैं तो यह पूछना उचित है कि वह कौन सा परिवर्तनशील पहलू है जिसके माध्यम से परिवर्तन को देखना है ? क्या वह किसी भी प्रकार से अब प्रभावित रहेगा ?

कोई भी खुद को परिवर्तन के हमले से बचा नहीं सकता , लेकिन जैसे-जैसे यह हम इसका सामना करने के लिए बेहतर कदम उठाते हैं तो हमारा अपने पर नियंत्रण बढ़ जाता है। बजाय इसके कि इसका हल ज्योतिषी या रत्नशास्त्री के यहां खोजने के , परिवर्तन और परिवर्तनहीनता पर चिंतन करना और सत और असत के बारे में भेद को बेहतर ढंग से समझने की भावना विकसित करना भगवान कृष्ण का

दिव्य नुस्खा है।

15

नवाचार

जीवन का अर्थ क्या है ? हम इस जीवन में क्या हासिल करने वाले हैं ? और यदि हम नहीं कर पाए तो क्या होगा ? यह सभी सवाल हमारे आंखों पर पट्टी बांध देते हैं और हम कई बार यह सुनिश्चित नहीं कर पाते कि इन सवालों के जवाब ढूंढना कहां से शुरू करें। हम नहीं जानते की मृत्यु के बाद क्या होता है। यह अकेला मुद्दा हम पर भारी दबाव डालता है।

अवचेतन रूप से हम में से बहुत से लोग सोचते हैं कि हमारे पास जीने का बस एक मौका है और इसीलिए जीवन में जो कुछ भी हासिल करने की आवश्यकता है उसे करने और हासिल करने की तत्कालिकता की भावना के साथ जीवन में आगे बढ़ते हैं।

यहां तक मानव इतिहास की सबसे बड़ी हस्तियों पर भी यह दबाव रहता है हालांकि कुछ स्तर तक ज्ञान और वास्तविकता हावी हो जाती है , जैसे सिकंदर पर दुनिया को जीतने का दबाव था , परंतु यदि आप सिकंदर के आखिरी दिनों के बारे में पढ़ेंगे तो आप इस निष्कर्ष पर पहुंचेंगे कि उसे लगा कि वह जीवन के वास्तविक अर्थ से चूक गया , उसने स्पष्ट रूप से कहा कि जब उसकी मृत्यु के बाद उसे दफनाने के लिए ले जाया जाए तो उसके दोनों हाथों को ताबूत के बाहर फैली हुई स्थिति में रखा जाए , ताकि दुनिया को पता चले कि सिकंदर जैसा सम्राट मरा तो उसके दोनों हाथ खाली थे। जर्मन में एक कहावत है की आखिरी शर्ट में कोई जेब नहीं होती। इसका मतलब है दुनिया को छोड़ते समय

कोई कुछ भी नहीं ले जा सकता।

यह उदाहरण व्यक्ति को जीवन के व्यापक अर्थ को समझने के लिए कुछ प्रयास की आवश्यकता की ओर इशारा करते हैं। इस समझ को विकसित करने के लिए हमें सबसे पहले जीवन , जीवन काल और मृत्यु आदि के बारे में उचित विचार भावना प्राप्त करने की आवश्यकता है।

भगवान कृष्ण ने इन उत्तरों की खोज शुरू करने के लिए कुछ सरल चीज और उनकी प्रासंगिकता की ओर इशारा करते हुए अर्जुन को संबोधित करते हैं।

जीवन का अर्थ एक आध्यात्मिक आयाम

जब हम किसी वस्त्र का प्रयोग कर रहे होते हैं और वह खराब हो जाती है तो हम स्वाभाविक व्यवहार के साथ इसे बदल देते हैं। उसके स्थान पर नवीन वस्त्र का प्रयोग करते हैं। इसी तरह जब आत्मा इस निष्कर्ष पर पहुंचती है कि वर्तमान भौतिक शरीर में वह अपना उद्देश्य पूरा कर चुकी है तो वह शरीर को त्याग कर दूसरा शरीर धारण करती है

अध्याय 2/22

वासांसि जीर्णानि यथा विहाय , नवानि गृह्णाति नरोऽपराणि।

तथा शरीराणि विहाय जीर्णा- ,न्यन्यानि संयाति नवानि देही।।

मनुष्य जैसे पुराने कपड़ोंको छोड़कर दूसरे नये कपड़े धारण कर लेता है, ऐसे ही देही पुराने शरीरोंको छोड़कर दूसरे नये शरीरोंमें चला जाता है।

एक प्राकृतिक उदाहरण देकर भगवान श्री कृष्ण हमारी अपनी मानसिकता और वास्तविकता तथा मृत्यु के अर्थ की हमारी समझ को चुनौती देते हैं और हमें जीवन के व्यापक अर्थ पर चिंतन करने को मजबूर करते हैं।

इसे बेहतर ढंग से समझने के लिए लिए एक और उदाहरण लें मान लीजिए कि हम एक रेलगाड़ी में लंबी यात्रा पर हैं। डिब्बे में हमारे साथ कुछ सहयात्री हैं। यह एक सामान्य सी बात है कि हम अपने सहयात्री से कुछ पारस्परिक हित वाले मुद्दों पर आपस में चर्चा करे ताकि यात्रा की एकरसता को तोड़ा जा सके। मान लीजिए सहयात्री बीच रास्ते में किसी स्टेशन पर उतर जाता है तो क्या हम उसके प्रस्थान का शोक मनाते हैं। हम अपनी यात्रा को जारी रखते हैं जब तक कि हम अपने गंतव्य तक न

पहुंच जाए। यह एक हास्यास्पद विचार होगा कि हम ऊपर वर्णित घटना के लिए शोक मनाए।

यदि हम इसी विचार को और विस्तार दे तो हम इस बिंदु पर पहुंचते हैं कि जो भी समस्या हमारे जीवन में या जीवन यात्रा के बारे में है इसे हम अपने माता-पिता भाई बंधुओं के साथ आगे बढ़ाते हैं।

पुराने वस्त्र के उदाहरण को भौतिक शरीर से जोड़कर भगवान कृष्ण हमें मृत्यु और जीवन के मामलों को तर्क की इस पंक्ति पर विस्तार कर हमें मुद्दे पर चिंतन करने को प्रोत्साहित करते हैं। इसका हमारे आध्यात्मिक जीवन पर गहरा प्रभाव पड़ता है। मृत्यु एक बुरी घटना नहीं है जैसा कि हमें सामान्यतः समझाया जाता है इस तरह की समझ सरल है। दूसरी तरफ मृत्यु एक ऐसी घटना के रूप में हो सकती है कि यह आत्मा की अपनी यात्रा द्वारा नियोजित है। इस दृष्टिकोण से देखा जाए तो मृत्यु आत्मा के लिए प्रगति करने के अवसर के लिए एक कदम है। इसलिए मृत्यु नामक घटना से गंतव्य बदल जाता है और आत्मा की अंततः अंतिम यात्रा के बारे में उत्तर खोजने का सार्थक प्रयास हो सकता है।

एक बार जब गंतव्य से संबंधित मुद्दे बदल जाते हैं तो जीवन के कई चीजे प्राप्त करने का नाटकीय दबाव कम हो जाता है जो " अब और नहीं " से संबंधित होता है। हम में से अधिकांश मृत्यु के पहले सफलता और आनंद को प्राप्त करने की आवश्यकता के विचार से जो दबाव और तनाव उत्पन्न होता है यह विचार उस प्रतिमान को चुनौती देता है और समस्या तथा उसके समाधान के लिए एक अलग दृष्टिकोण देता है।

रचनात्मक विनाश के माध्यम से नवाचार

भगवान कृष्ण ने इस श्लोक के माध्यम से जो विचार प्रस्तावित किया है उसमें व्यवसाय प्रबंधन में कुछ परेशान करने वाली समस्याओं को भी समझने की क्षमता है। आज के व्यवसाय प्रबंधन में महत्वपूर्ण शब्द नवाचार है। संगठनों को बताया जाता है कि जब तक भी नवाचार की शुरुआत नहीं करते हैं तब तक वे प्रतिस्पर्धा के हमले का सामना करने में सक्षम नहीं हो सकते।नवाचार संगठन में नए विचारों को पेश करने के बारे में है जब तक नए विचार मिलते रहेंगे नवाचार सफल होता

रहेगा।

भगवान कृष्ण के संदेश को सही समझ किसी को यह समझने में सक्षम बनाती है कि नवाचार के पहल करने में कैसे सफल हुआ जाए। हमारी मानसिक जड़ता के कारण व्यक्तिगत और व्यावसायिक जीवन में सुधार करना मुश्किल होता है। पुरानी आदत और सोचने के तरीके हमारे अंदर गहराई तक समाये है जो हर संभव नए विचार और परिवर्तन का विरोध करते हैं।

इसे अक्सर नए परिवर्तन को पेश करने की प्रक्रिया में संगठन के परिवर्तन प्रबंधन के रूप में जाना जाता है। इस श्लोक के माध्यम से भगवान कृष्ण हमें याद दिलाते हैं कि पुराने विचारों और मानसिकता को त्यागना आगे बढ़ाने के लिए यह एक बहुत ही महत्वपूर्ण आवश्यकता है।

जब हम पुराने विचारों को त्याग देते हैं तब ही नए विचारों के साथ नवाचार होता है। आधुनिक प्रबंधन में रचनात्मक विनाश शब्द का प्रयोग इसी संदर्भ में किया जाता है। पुराणों में ब्रह्मा , विष्णु और शिव के बारे में चर्चा मिलती है। शिव विनाश के देवता हैं। हालांकि शिव का अर्थ है मंगल , शंकर का अर्थ है जो हमारे लिए अच्छा काम करता है , भगवान शिव के पर्यायवाची शब्दों के समूह में बहुत शब्दों का अर्थ अच्छा से लिया जाता है। फिर हम कैसे उन्हें विनाश के स्वामी के रूप में मानते है।

भगवान कृष्ण ने इस श्लोक के माध्यम से बताया कि कैसे विनाश का शिव तत्व हमें दिन प्रतिदिन के दृष्टिकोण के साथ हमारे आध्यात्मिक यात्रा को बेहतर बनने में मदद करेगा। आइये हम अपने जीवन में शिव तत्व को विरासत में प्राप्त करें और भगवान शिव और कृष्ण के आशीर्वाद प्राप्त करें।

16

सेवानिवृत्ति

आज के समय में एक प्रथा है कि व्यक्ति एक उम्र के बाद सेवानिवृत्ति के करीब आते हैं। और जब यह क्षण आने को होता है तो वह सोचना शुरु करता है कि कार्यालय जाने के दिनचर्या पर विराम लग जाएगा। जैसे-जैसे यह समय नजदीक आता जाता है यह विचार उस पर हावी होने लगता है तथा साथ ही यह सोचता है कि विदाई के समय वह अपने सह कर्मियों को विदाई संदेश क्या देगा और यह भी सोचता है कि अब आगे क्या होगा। कुछ लोग लाभकारी रोजगार को , तो कुछ लोग सामाजिक सेवा को अंतत: अपना लक्ष्य बनाते हैं। इस विचार से यह कोई अनजान भविष्य का विचार नहीं है , हम इन सब के बावजूद इसके पीछे कितनी सोच विचार करते है ? यदि यही मामला है तो जीवन से हमारी सेवा निवृत्ति के बारे में क्या ?

जीवन से सेवानिवृत्ति

हर बच्चे के जन्म के बाद माता-पिता और रिश्तेदार बच्चों को बारीकी से बड़े होते देखते हैं और अक्सर टिप्पणी करते हैं , कि जब मैं उसे आखिरी बार देखा था तब से बच्चा बड़ा हो गया है। यदि हम एक क्षण रुक कर इस स्थिति की वास्तविकता को समझे तो पता चलता है कि हमारी समझ दोष पूर्ण है। जो भी जन्म लेता है उसके बाद से यह सिकुड़ता जाता है बड़ा नहीं होता।

यह कथन असहज लगता है। आइये इसे और करीब से देखें। माना की एक व्यक्ति की आयु 100 वर्ष है। इसका मतलब जिस दिन वह पैदा हुआ उसके पास 36525 दिन बचे थे। अगले दिन उसके पास 36524 दिन बचेंगे। इस प्रकार समयवृद्धि के साथ सिकुड़ती जाती है। हालांकि यह निराशावादी लग सकता है , परंतु जीवन का यह सत्य है की जन्म लेने वाले की एक दिन मृत्यु निश्चित है। उसके बावजूद कोई भी मृत्यु के बारे में नहीं सोचता।

हम यह मान लेते हैं कि इस बारे में सोचने का कोई तरीका नहीं है यह हमारा चित विक्षेपित है। इसके बारे में सबसे अच्छा तरीका है इसको भूल जाना। इस विषय वस्तु से बचाना भावुक और भावनात्मक होने से उत्पन्न प्रतिक्रिया है , हालांकि यह बिल्कुल भी समझदारी नहीं है। क्योंकि यह तो अंततः दिखाई देगा। दूसरी तरफ यदि इस मुद्दे को समझते हैं और खुद को इसके लिए तैयार करते हैं तो डर को स्पष्टता में बदला जा सकता है और हमारा जीवन ज्यादा ध्यान केंद्रित तथा उद्देश्य पूर्ण होगा। भगवान कृष्ण ने अध्याय 8 में इसके बारे में चर्चा की है।

जीवन के अंतिम छणों का महत्व

श्री कृष्णा सबसे पहले अंतिम छणों के बारे के सोचने के महत्व को स्थापित करना चाहते हैं। अतः वह देखते हैं कि , जो कुछ भी विचार है जिसके साथ वह अपने अंतिम छणों में देह त्यागता है वह व्यक्ति उस विचार को प्राप्त होता है और हमेशा इस विचार द्वारा चित्रित होता है।

अध्याय 8/6

यं यं वापि स्मरन्भावं त्यजत्यन्ते कलेवरम्।
तं तमेवैति कौन्तेय सदा तद्भावभावितः।।

हे कुन्तीपुत्र अर्जुन ! मनुष्य अन्तकाल में जिस-जिस भी भावका स्मरण करते हुए शरीर छोड़ता है वह उस (अन्तकालके) भावसे सदा भावित होता हुआ उस-उसको ही प्राप्त होता है अर्थात् उस-उस योनिमें ही चला जाता है। यह एक महत्वपूर्ण बिंदु है समझने के लिए जड़ भारत की कथा में जड़ भारत अपने अंतिम समय में हिरण के बारे में सोचते थे इसीलिए अगले जन्म में उनका हिरण की योनि प्राप्त हुई।

यदि इस तर्क का विस्तार करते हैं तो यदि कोई धन के बारे में सोचता है तो वह धन की रक्षा की भूमिका में अगले जन्म में आएगा। इसी प्रकार यदि कोई बेटा बेटी की नौकरी के बारे में हर समय सोचता है तो वह अगले जन्म में नौकरी की सुविधा देने वाले की भूमिका में होगा।

क्या हम इसे एक कल्पना या अवैधानिक कह कर खारिज कर सकते हैं। इसका उत्तर जीवन में कुछ मुद्दों को संभालने के हमारे तरीके में निहित है जिसका हमें कोई ज्ञान नहीं है। उदाहरण के लिए यदि किसी के सीने में दर्द होता है और वह डॉक्टर के पास चला जाता है तो डॉक्टर व्यक्ति की जांच के बाद परामर्श देता है आपके दिल में समस्या है और उसका ओपन हार्ट सर्जरी करना होगा , व्यक्ति आंख मुड़कर उसे पर विश्वास करता है और सलाह स्वीकार कर लेता है। अधिक से अधिक एक से दो लोगों से बात कर लेता है जो इस बीमारी से पीड़ित है और अपना निर्णय कर लेता है।

इन सब मामलों में विश्वास एक बड़ा रोल अदा करता है हमें से कोई नहीं जानता की मृत्यु के बाद क्या होता है। क्योंकि मृत व्यक्ति के बारे में सोच , विश्लेषण , अनुमान , निर्णय आज कुछ भी उपलब्ध नहीं है। इस मामले में बस एक समझदारी वाली बात है कि आंख बंद करके उनको सुनें , जो उसके बारे में कुछ अनुभव से जानते हैं जो हम नहीं जानते।

हमारी परंपरा में हम अपने वैदिक साहित्य को मार्गदर्शन के रूप में ले सकते हैं जहां पर हम अपने निर्णय लेने की क्षमता खो देते हैं। यह कोई असामान्य घटना नहीं है। यह मनुष्य की अज्ञानता की खोज की जिज्ञासा के बारे में है। अतः इस विषय में श्री कृष्ण बुद्धि को महत्व देते हैं यदि अंतिम विचार हमारे अगले जन्म यानी भविष्य को निर्धारित कर सकता है तो वह वांछित अंतिम विचार क्या हो सकता है। जिसकी कोई आकांक्षा कर सकता है।

श्री कृष्ण कहते हैं कि जो लोग अपने अंतिम क्षणों में भी शरीर त्याग के समय केवल मेरे बारे में सोचते हैं इस संसार को छोड़ते हैं मेरे पास पहुंचता है इसमें कोई संदेह नहीं है। यह स्पष्ट घोषणा करते हैं।

अध्याय 8/5

अन्तकाले च मामेव स्मरन्मुक्त्वा कलेवरम्।

यः प्रयाति स मद्भावं याति नास्त्यत्र संशयः।।

जो मनुष्य अन्तकालमें भी मेरा स्मरण करते हुए शरीर छोड़कर जाता है, वह मेरे स्वरुप को ही प्राप्त होता है, इसमें सन्देह नहीं है।

इस कथन में दो पहलुओं पर ध्यान दिया गया है पहले " अंतिम छणों में भी" इसका मतलब है भगवान का विचार व्यक्ति की आदत हो , यह स्वाभाविक विचार हो जो हमेशा अंतकाल तक का रहे , दूसरा संदेह नहीं है अर्थात पूर्ण आश्वासन है।

अंतिम छणों की तैयारी

उपरोक्त श्लोक हमारे लिए एक महत्वपूर्ण नियम की ओर इशारा करते हैं। निरपवाद रूप से अंतिम छणों के दौरान हमारे दिमाग में जो आता है , वे वो मुद्दे होंगे जो हमारे दिमाग अक्सर सोचता है केवल ऐसे विचार जो लगातार हमारी स्मृति में है अंतिम क्षण के दौरान याद करने का बड़ा मौका है इसीलिए यह सचेत रूप से निरंतर कुछ विचारों को विकसित करने की मांग करता है। हम जो विचार करते हैं वह या तो हमारे दैनिक जीवन से संदर्भ रखते हैं या हम जिस कंपनी में काम करते हैं या हम जिन लोगों से मिलते हैं या जिन मुद्दों से संदर्भ रखते हैं या हम उन्हें कैसे संभालते हैं। दूसरे शब्दों में हमारी शुरू हुई जीवन शैली और प्राथमिकताएं हमारे विचार प्रक्रिया को महत्वपूर्ण रूप से प्रभावित करती हैं। हमें इन मामलों में काफी गंभीरता से ध्यान देने की जरूरत है।

आधुनिक भाषा में हम सकारात्मक मनोविज्ञान जैसे वाक्यांश का प्रयोग करते हैं यह इंगित करता है कि हम स्वस्थ विचार कैसे रख सकते हैं। यह आशावाद और व्यक्तिगत खुशी को विकसित करने के उपयोग में आता है। लेकिन आवश्यकता इससे कहीं अधिक की है।

यह देवत्व को निरंतर भावना के बारे में है। इसे विकसित करने का एक तरीका यह है कि हम अपने जीवन में आने वाले और अनुभव की जाने वाली हर चीज में देवत्व को देखें।

17

परिणाम का भय

हम सभी कुछ न कुछ काम की गतिविधियों में संलग्न रहते हैं। और इसी के साथ हमारे अंदर बहुत अधिक तनाव भी पैदा होता है। इस कारण से बहुतों को लगता है कि काम हमारे जीवन का एक सुखद हिस्सा नहीं है।

कई छात्रों के लिए अध्ययन एक तनावपूर्ण गतिविधि है और जब परीक्षा के परिणाम घोषित होने वाले होते हैं तब यह स्थिति और तनावपूर्ण हो जाती है। संगठनों में काम करने वाले लोगों में भी तो दिन-प्रतिदिन तनाव उत्प्रेरक गतिविधियां होती ही रहती है क्योंकि बॉस हमेशा सहयोगियों के लिए लक्ष्य और अपेक्षाएं निर्धारित करता रहता है और हमारे दिमाग में लक्ष्यों को पूरा करने का सवाल बना रहता है।

माता-पिता को भी तनाव होता है , क्योंकि उन्हें नहीं पता कि , बच्चे का परीक्षा में प्रदर्शन क्या होगा ? उन्हें यकीन नहीं है कि उन्हें अपने साथियों और मित्र मंडली के बीच कैसा मान-सम्मान मिलेगा ?

बूढ़े मां-बाप को विभिन्न प्रकार की समस्याएं होती है उनकी चिंता है कि उनका बेटा या बेटी जीवन में अच्छी तरह से बस जाए , उन्हें अच्छी नौकरी मिल जाए। यह जो तनाव की सूची है यह अंतहीन है।

हम में से हर कोई , किसी न किसी तनाव से ग्रस्त है। समाज पर इन तनाव के प्रभाव स्पष्ट रूप से मधुमेह और हाइपरटेंशन जैसी व्यापक रूप से प्रसिद्ध बीमारियों की अधिक संख्या में बीमार लोगों के रूप में देखने को मिलता है। यह बीमारी का प्रभाव अब युवा लोगों में भी बढ़ रहा

है आधुनिक चिकित्सा में प्रगति के बावजूद तनाव से प्रेरित बीमारियां मानव कल्याण के लिए बड़ी चुनौती पेश कर रही है। प्रश्न यह है कि हम तनाव ग्रस्त क्यों होते जा रहे हैं और इसका समाधान क्या है ?

परिणाम का डर

हम सभी जिस तनाव से गुजरते हैं वह मुख्य रूप से परिणाम के डर से उत्पन्न होता है। यदि हम यह जान ले की परिणाम क्या आने वाला है तो सारा तनाव गायब हो जाएगा। यह संभव नहीं है कि हम भविष्य में अपने काम से संबंधित हर खुलासा , घटना को सटीकता के साथ समायोजित या नियंत्रित करने में सक्षम होंगे और परिणाम बिलकुल योजना के अनुरूप होगा। दुर्भाग्य से यह दोनों संभव नहीं है न ही तो हम परिणाम को पहले जान सकते हैं और न ही इसे नियंत्रित कर सकते हैं।

कुछ लोग मूर्खता बस यह सोचते हैं कि वे परिणाम को नियंत्रित कर सकते हैं। सैद्धांतिक रूप से देखा जाए तो इस बात की कोई गारंटी नहीं है कि हम दिन का काम खत्म करने के बाद वापस सकुशल लौट सकते हैं। सुनामी भूकंप या ऐसी अन्य घटना हो सकती है जिसे अधि-दैविक कहा जाता है या बड़ी आतंकी घटना , हड़ताल या मानव निर्मित दुर्घटना हो सकती है जिसे अधि-भौतिक कहा जाता है या दिल का दौरा या प्रमुख व्यक्तिगत स्वास्थ्य समस्या हो सकती है जिसे आध्यात्मिक कहा जाता है। यह विचार वास्तविकता के निराशावादी दृष्टिकोण को चित्रित करने के लिए नहीं है , अपितु तथ्य को उजागर करने के लिए है। क्योंकि कोई भी कार्य वर्तमान क्षण में हो रहा है और परिणाम भविष्य के क्षेत्र का हिस्सा है। अतः परिणाम अनिश्चित और अपरिहार्य है। सवाल अभी भी बना है कि हम तनाव को कैसे संबोधित करें ?

यदि हम किसी चिकित्सक से परामर्श लें तो तनाव के बारे में वह सलाह देता है कि अपने जीवन शैली को बदलें। इसमें दो प्रमुख तत्व होते हैं पहले अपने खान-पान की आदत के बारे में जैसे वसायुक्त भोजन से बचें रेशेदार भोजन करें , दूसरा नियमित व्यायाम करें जैसे सुबह तेज चलना खेलना साइकिल चलाना आदि । हालांकि यह समस्या के स्तर को एक हद तक काम करता है , परंतु समस्या को किसी भी सार्थक तरीके से हल नहीं कर सकता। क्योंकि यह जो समाधान है वह भौतिक

है , और यह समस्या बिल्कुल भी भौतिक नहीं है। भौतिक पहलुओं के द्वारा मन की समस्या को कैसे हल कर सकते हैं। दूसरी तरफ यदि हम अपने प्राचीन ग्रंथो को समझे तो समस्या का बेहतर निदान प्राप्त कर सकते हैं।

समता का भाव तनाव से राहत देने वाला कारक

भगवान कृष्ण कहते हैं काम के परिणाम के दुष्प्रभावों से अपने को अलग कर सिर्फ अपने को कार्य के करने के आनंद की तरफ मुड़ना। उनका सुझाव सरल और सीधा है। हमारे तनाव से मुक्त होने का एकमात्र तरीका है कि हम काम से संलग्न हो , परिणाम से अपने को दूर रखें। ताकि परिणाम का डर अब कोई मुद्दा न रहे। इसे विकसित करना ही समस्या के समाधान में है।

अध्याय 2 / 48

योगस्थः कुरु कर्माणि सङ्गं त्यक्त्वा धनञ्जय।

सिद्ध्यसिद्ध्योः समो भूत्वा समत्वं योग उच्यते।।

हे धनञ्जय ! तू आसक्तिका त्याग करके सिद्धि-असिद्धिमें सम होकर योगमें स्थित हुआ कर्मोंको कर; क्योंकि समत्व ही योग कहा जाता है।

यह आधुनिक चिकित्सा के विपरीत सलाह है। उपर्युक्त श्लोक इसे विशुद्ध मानसिक मुद्दा कहता है। परिणाम से दूर रहना वास्तव में , काम से बचने या जिम्मेदारी से भागने या दैनिक गतिविधि या लक्ष्य से बचने या रोकने के लिए नहीं है। यह उपयोगी चीजों को अनासक्त भाव से करते रहने , लक्ष्य के प्रति अनासक्त भाव से बढ़ने और अपना सर्वश्रेष्ठ देने की है।

यद्यपि हम शारीरिक रूप से कार्य में संलग्न है , परंतु हमें लगातार अपने दिमाग को परिणाम के बारे में अपेक्षाओं को विकसित करने और संभावित प्रभावों का विश्लेषण करने से भावनात्मक रूप से अलग करने के लिए प्रशिक्षित करना चाहिए।

यह अत्यधिक विश्लेषणात्मक गतिविधि तनाव को प्रेरित करती है ,विश्लेषणात्मक मस्तिष्क बहुत मजबूत होता है और लोगों को परेशान कर हाशिये पर धकेल देता है और उस स्थिति को बनाता है जो कभी है

ही नहीं। और यह तनाव के रास्ते खोल देता है जो कभी नहीं जाती।

इसलिए यह जरूरी है कि जीवन की समस्याओं का सामना करने के लिए उपयुक्त वर्णित उपकरण को हमेशा साथ रखना होगा और मानसिक रूप से तैयार होकर परिणाम के प्रति अनासक्त का भाव रखना सीखना होगा।

हमें जिस बदलती जीवन शैली की आवश्यकता है वह अंतर ज्ञान विकसित करना होगा ताकि हम इस जाल में न फंसे। जब हम इस समत्व भाव को प्राप्त कर लेते हैं और सफलता तथा असफलता में समभाव रखना विकसित कर लेते हैं तब हम उस मानसिकता को प्राप्त हो जाते हैं। इस प्रकार कार्य में संलग्न होना योग है भगवान कृष्ण यही आदेश करते हैं।

18

चुनौतियां

आज के समय में व्यक्ति के पास अधिक तकनीक और गैजेट्स तथा ज्ञान है , जो उसके नियंत्रण में है। आज की उन्नत तकनीकी में " गार्ड पार्टिकल " को ढूंढा जा रहा है तथा उसके होने का दावा किया जा रहा है। जो उनके अनुसार , ब्रह्मांड की हर बुनियादी चीज को बनाने के मूल में है। इसके आगे चलकर हम , भविष्य में इसी तकनीकी के माध्यम से जीवित प्राणियों का निर्माण कारखाने में करेंगे। चंद्रमा या मंगल ग्रह पर संपत्ति खरीदेंगे और लगभग हम भगवान की तरह व्यवहार करेंगे। आज के समय में तकनीकी इस रफ्तार से आगे जा रही है।

यदि इस विवरण को ध्यान में रखा जाए , तो 100 साल पहले की तुलना में आज हमें अधिक संतुष्ट और खुश रहना चाहिए। जिसका जवाब निश्चित रूप से नहीं है। दुर्भाग्य से संतुष्टि और खुशी का इस भौतिक विकास से विपरीत संबंध है। संतुष्टि और मन की शांति जैसे शब्द विज्ञान और प्रौद्योगिकी के क्षेत्र से संबंधित नहीं है। इसलिए इससे संबंधित कारण और प्रभाव संबंधों को समझना वैज्ञानिक दृष्टिकोण से संभव नहीं है। भौतिक विकास के साथ जीवन में अस्पष्टता और असंतोष बढ़ता जा रहा है। एक औसत नागरिक ज्यादा परेशान और असंतुष्ट महसूस करता है जिसके कई कारण है। और अन्ततः जो कुछ परेशानियां उत्पन्न करता है , उसमें मानसिक अवसाद प्रमुख है और उसके इलाज के लिए दवा तथा आध्यात्मिक का सहारा लिया जाता है।

भौतिक प्रगति और समाज की मानसिक स्थिति के बीच यह स्पष्ट संघर्ष क्यों है ? आधुनिक विज्ञान के पास यह बताने के लिए कोई जानकारी नहीं है कि ऐसा क्यों हो रहा है ?

आइये समझते हैं कि गीता इस मुद्दे पर क्या कहती है भगवान कृष्ण अध्याय 2 में किसी समस्या के मूल कारण पर प्रकाश डालते हैं।

जीवन में असफलताओं के मूल कारण

किसी समस्या के मूल कारण और प्रभाव के तार्किक विश्लेषण से समझा जा सकता है। सरल शब्दों में कहें तो यदि हम A को B से समझते हैं और B को C से समझते हैं तो A को C से समझ सकते है। भगवान कृष्ण ने भी इसी तरह का प्रयोग कर यह बताया कि आठ चरण वाला मूल कारण कैसे व्यक्ति को नष्ट करता है।

अध्याय 2 /62 & 63

ध्यायतो विषयान्पुंसः सङ्गस्तेषूपजायते।

सङ्गात् संजायते कामः कामात्क्रोधोऽभिजायते।।

क्रोधाद्भवति संमोहः संमोहात्स्मृतिविभ्रमः।

स्मृतिभ्रंशाद् बुद्धिनाशो बुद्धिनाशात्प्रणश्यति।।

विषयोंका चिन्तन करनेवाले मनुष्यकी उन विषयोंमें आसक्ति पैदा हो जाती है। आसक्तिसे कामना पैदा होती है। कामनासे क्रोध पैदा होता है। क्रोध होनेपर सम्मोह (मूढ़भाव) हो जाता है। सम्मोहसे स्मृति भ्रष्ट हो जाती है। स्मृति भ्रष्ट होनेपर बुद्धिका नाश हो जाता है। बुद्धिका नाश होनेपर मनुष्यका पतन हो जाता है।

ऊपर के दो श्लोकों में कारण प्रभाव श्रृंखला इस प्रकार है :-

1. एक व्यक्ति कुछ पहलुओं पर गहरी विचार विकसित करता है और उसे विचार के सामने आता है। (ध्यायत :)

2. समय के साथ यह गहरी विचार इसके प्रति व्यक्ति के लगाव की भावना विकसित करते हैं। (संग :)

3. आसक्ति की क्रमिक तरंगे गहरी इच्छा के चक्रवात में बदल जाती है। (काम :)

4. गहरी इच्छा अधिक निराशा को बढ़ाती है जो क्रोध के रूप में आता है। (क्रोध :)

5. एक क्रोधित मन बहुत जल्द भ्रम में सम्मोहित हो जाता है। (समोह :)

6. भ्रमित मां मन स्मृति की प्रभावकारिता को खो देता है। (स्मृतिविभ्रम :)

7. स्मृति कमजोर होने से विवेक यानी भेदभाव की शक्ति हो जाती है। (बुद्धिनाश :)

8. विवेक के नष्ट हो जाने पर व्यक्ति वास्तव में नष्ट हो जाता है। (प्राणाश्यति)

उपर्युक्त कुछ बिंदुओं पर अधिक स्पष्टीकरण करने की आवश्यकता है। गहन विचार को विकसित करना स्पष्ट रूप से परेशानी का शुरुआती बिंदु है। हमें से कई लोग इस मुद्दे को महसूस नहीं करते है।

मान ले एक व्यक्ति अपनी आर्थिक स्थिति के अनूरूप साइकिल का मालिक है। एक दिन उसने शानदार कार में सवारी की। जब उसने कार की सवारी की तो उसके मन में कार को खरीदने का विचार आया। यह विचार धीरे-धीरे प्रगाढ़ होता गया जबकि यह विचार उसकी वर्तमान स्थिति से मेल नहीं खाता था , असंगत था। यह अवास्तविक विचार समस्या का मूल कारण बनता है और उसे गहरी विफलताओं की ओर ले जाता है। आगे जब वह व्यक्ति इस समस्या अर्थात कार को खरीदने में असमर्थ होता है तब वह अपनी निद्रा को खो देता है और एक गहरी इच्छा विकसित होने शुरू हो जाती है।

गहरी इच्छा का मतलब है इसके लिए किसी भी हद को पार करने के लिए मानसिक रूप से तैयार होना। इस स्तर पर दिमाग किसी भी कीमत पर वास्तु को प्राप्त करना चाहता है। इस मानसिकता के साथ वह चीजों पर नियंत्रण खो देता है और क्रोध इस व्यक्ति की दिनचर्या का हिस्सा बन जाता है। क्योंकि वह अपने लक्ष्य तक पहुंचने में असमर्थता की अभिव्यक्ति के कारण ,और इसके परिणाम स्वरुप अधीर हो जाता है। एक क्रोधित मन वाला व्यक्ति और पागल व्यक्ति में कोई अंतर नहीं

होता। दोनों स्थितियों में व्यक्ति का विवेक अर्थात सही गलत निर्णय करने की क्षमता खो जाती है और एक बार इस अवस्था में पहुंचने के बाद वह गलत निर्णय ले लेता है। उदाहरण के लिए कदाचार करना , कपट पूर्ण होना , आपराधिक और हिंसक गतिविधि में संलग्न होना।

इस प्रकार का व्यक्ति किसी भी प्रकार से कार को प्राप्त करने में संलग्न हो जाता है। चिकित्सीय भाषा में यह " चीड़फाड़ की प्रक्रिया सकुशल होने तथा मरीज की मृत्यु " की कहावत के समान है। इसका मतलब है कार प्राप्ति के लिए इस व्यक्ति ने अपने व्यक्तित्व को पहले ही समाप्त किया।

यदि व्यक्ति कार खरीदने के बजाय कार की सवारी करता रहता और अपनी कड़ी मेहनत और प्रगति की यात्रा आगे जारी रखता तो एक दिन वह जरूर एक छोटी-मोटी कार को खरीदने का मौका मिल जाता। एक समय के बाद जीवन में अपने विचार और लक्ष्य के कठिन संघर्ष के परिणाम स्वरुप हो सकता है कि वह व्यक्ति इस बिंदु पर पहुंच जाता कि वह स्वयं कार को खरीद ले ।

एक सामान्य व्यक्ति का राष्ट्रपति बनना या एक स्कूली लड़के का नोबेल पुरस्कार जीतना भी इसी पद्धति से संबंधित है। न कि पहले की विधि से यह काल्पनिक कहानी नहीं है।

बल्कि यह हमारे जीवन यात्रा का एक उदाहरण है। हम में से हर एक ऐसे ही दबाव का सामना करते हैं और इसी रास्ते पर चलते हैं। फर्क सिर्फ इतना होता है कि हम किस हद तक जाते हैं। पदोन्नति , सीमा से अधिक संपत्ति बनाना , एक अच्छे जीवन स्तर को बनाना जो सामान्य रूप से संबंध संभव नहीं है , शक्ति और पद पाना , पैतृक संपत्ति पाना , बेहतर शिक्षा प्राप्त करना , डिग्री हासिल करना , यह कुछ उदाहरण है जो इसमें हमें फसाते हैं।

इसका उल्लेख भगवान कृष्ण ने ऊपर के श्लोक में किया है इन श्लोक को समझने के लिए महत्वपूर्ण बिंदु यह है कि यथार्थवाद के पहलू को अच्छी तरह विकसित करना असफलताओं और परेशानियों से बचने की कुंजी है।

दूसरी तरफ बड़े पैमाने पर प्रयास व्यक्ति को अंततः दुखी और असंतुष्ट कर देते हैं और जीवन में अततः तनाव लाते हैं। इसके अलावा यह नैतिकता और नैतिक सीमाओं को पार करने के बाद, पश्चाताप की ओर ले जाती है।

आइये हम जीवन के सुखद पहलुओं के मूल्य की खोज करें और भगवान कृष्ण से प्रार्थना करें कि हम अच्छी मानसिकता विकसित करें नैतिक तथा उच्च मूल्य को बनाए और जीवन यात्रा को सार्थक पहलू दें।

19

सेवानिवृत्ति की तैयारी

जब भी हमारे जीवन में कोई विशेष क्षण या घटना आती है तब हम उसके लिए पर्याप्त तैयारी करते हैं , जैसे - जन्मदिन , शादी विवाह या तीर्थ यात्रा को जाना इत्यादि। हम जितना सोचते जाते हैं घटना उतनी ही बड़ी होती जाती है। इसकी शुरुआत हम घटना के होने के कई दिन पहले से करते हैं।

यह न केवल व्यक्तिगत मामले में बल्कि संस्थागत मामले में भी सच है , जैसे -दीक्षांत समारोह , स्कूल का वार्षिक समारोह इत्यादि , या कंपनी की सामान्य वार्षिक बैठक। इस सोच विचार में घटना के समय मिनट दर मिनट होने वाली हर घटना को दर्ज करने तथा वास्तविक रूप देने से है। ऐसे आयोजनों के दौरान अच्छी चीज भी होती है जिन्हें याद किया जाता है और कुछ अच्छी पहल की शुरुआत भी की जाती है।

अगर ऐसा है तो उसे अंतिम दिन के बारे में क्या होगा जब हम इस दुनिया में सभी को अलविदा कर जाना चाहते हैं ? आज के समय में भारत में जीवन के उम्र की प्रत्याशा 70 वर्ष है और बहुत से लोग इससे भी लंबे समय तक जीवित रहेंगे। अभी भी हमारे सीखने के लिए बहुत कुछ होगा। हम जीवन के प्रति अपने अनुभव के आधार पर ज्यादा विवेकशील बन गए होते । हमारे आसपास के कई लोगों ने कुछ लोगों से दूरी बना ली होगी।

इन सब के सारांश में - क्या अंतिम क्षण किसी व्यक्ति के लिए एक असहाय , दर्दनाक , तनावपूर्ण या दयनीय स्थिति है या वह निमंत्रण कर बेहद संतुष्ट सुखी और शांतिपूर्ण हो सकता है ?

शांतिपूर्ण नींद की धारणा

यदि हम अधिक निष्पक्ष होकर सोचें तो - यह एक यूटोपियन विचार या चर्चा के लिए एक अवांछनीय विषय नहीं है। जर्मन विचारधारा के अनुसार हम सभी अपने जीवन में अंतिम लक्ष्य के साथ विभिन्न चीजों का प्रयास करते हैं कि हमारी आखिरी नींद शांतिपूर्ण हो। सवाल यह है कि हम शांतिपूर्ण अंतिम नींद के लिए प्रयास क्यों करते हैं ?

सनातन धर्म के ढांचे में प्रत्येक आत्मा पुनर्जन्म की प्रक्रिया के माध्यम से जन्म मृत्यु के कई चक्कर से गुजरती है। इसके पहले कि वह स्वयं को शुद्ध और परिपूर्ण करें। अंतिम चरण में शुद्ध और विकसित आत्मा खुद को मुक्त करती है। इस यात्रा में एक चक्र से दूसरे चक्र तक निरंतर और परिवर्तनकारी मार्ग अन्य बातों के साथ अंतिम क्षण में आत्मा की मानसिक स्थिति द्वारा प्रदान की जाती है। क्योंकि यह जन्म मृत्यु के एक संस्करण की समाप्त होने की तैयारी है।

जैसा कि भगवान कृष्ण ने गीता के अध्याय 8 में बताया है कि आगे की यात्रा का निर्धारण में हमारी अंतिम छणों के विचार बहुत महत्वपूर्ण है। एक शांतिपूर्ण मन आत्मा को शांत और महान विचारों को इकट्ठा करने में सक्षम बनाता है। ताकि वह इस भौतिक शरीर से बाहर निकालने की तैयारी कर सके। यही विचार और अनुभव है जो इसके आगे की यात्रा का आधार बनते हैं।

इसीलिए अगला प्रश्न उन परिस्थितियों के आदर्श सेट से है जो यह सुनिश्चित करेंगे की अंतिम नींद वास्तव में शांतिपूर्ण हो। हम यह कैसे सुनिश्चित करें की अंतिम छणों के समय विचार उतने ही आदर्श हो जिससे उद्देशय प्राप्त हो सके ? क्या आंख बंद कर सिर्फ भगवान के बारे में सोचें या कोई और बात जैसे ध्यान साधना इत्यादि ?

यहां पर यह एक महत्त्वपूर्ण तथ्य है कि हमे नहीं पता की अंतिम क्षण कब आएगी , इसीलिए व्यावहारिक रूप से हमें अपने दिमाग का इस अंतिम अवस्था के आने के बहुत पहले से प्रशिक्षित शुरू करना होगा।

इस दिशा में कुछ सहायता के लिए भगवान कृष्ण ने अध्याय 8 में दो श्लोक में मन की आदर्श स्थिति का वर्णन किया है जो अंतिम क्षण में हो सकती है जब आत्मा शरीर छोड़ देती है।

अंतिम छण विचार और कार्य

अंतिम छण के दो आयाम होते हैं - एक है मन और इंद्रियों की स्थिति है दूसरा है विचार और शब्द।

मानसिक स्थिति को श्री कृष्ण निम्नलिखित तरीके से समझाते हैं - सभी इंद्रियों के उचित नियंत्रण द्वारा मन को हृदय केंद्र में स्थापित करके अपने स्वयं के माथे पर महत्वपूर्ण बल को केंद्रित करके आमतौर पर दो आँखो के भौहों के बीच , योग की निरंतर स्थिति में खुद को आराम देना।

अध्याय 8/ 12

सर्वद्वाराणि संयम्य मनो हृदि निरुध्य च।

मूर्ध्न्याधायात्मनः प्राणमास्थितो योगधारणाम्।।

(इन्द्रियोंके) सम्पूर्ण द्वारोंको रोककर मनका हृदयमें निरोध करके और अपने प्राणोंको मस्तकमें स्थापित करके योग धारणा में सम्यक् प्रकार से स्थित हुआ जो 'ॐ' इस एक अक्षर ब्रह्म का उच्चारण और मेरा स्मरण करता हुआ शरीर को छोड़कर जाता है, वह परमगति को प्राप्त होता है।

संक्षेप में - मन के सभी विकर्षण (जो सामान्यतः होते हैं) को फिल्टर करने की आवश्यकता है और एक बिंदु पर केंद्रित करना है। हम क्षणिक निर्णय के साथ इस अवस्था में नहीं पहुंच सकते। ऐसा करने के लिए हमें बार-बार निरंतर प्रयास करना होगा। जब एक बार मन एकल बिंदु पर केंद्रित स्थिति में आ जाता है तब अगला मुद्दा यह होता है कि इस पर ध्यान केंद्रित करें और कैसे ?

अध्याय 8 /13

ओमित्येकाक्षरं ब्रह्म व्याहरन्मामनुस्मरन्।

यः प्रयाति त्यजन्देहं स याति परमां गतिम्।।

श्री कृष्ण कहते हैं योग की इस अवस्था में गहराई से डूबे मन की ऐसी अवस्था में स्थापित होने के बाद ओम का उच्चारण करना चाहिए। जो

ब्रह्म का प्रतिनिधित्व करता है। ऐसा व्यक्ति देह त्यागने पर परम गति को प्राप्त होता है। इस विवरण में दो महत्वपूर्ण पहलू हैं -एक है प्रभु को याद करना और दूसरा है ओम का उच्चारण करना और यह जानना की यही वास्तव में ब्रह्म है। यह करने की तुलना में कहना आसान है परंतु यह वास्तव कैसे होगा ?

सत्संग का वास्तविक मूल्य

हम अपने जीवन में क्या याद रखते हैं ? याददाश्त एक आदत की बात है। एक ऐसे व्यक्ति के बारे में सोचें जो संपत्ति को बनाने और आगे बढ़ाने के बारे में चिंतित रहता है , ऐसा व्यक्ति हमेशा नए निवेश की तलाश में रहता है जो उसे बेहतर रिटर्न दे। ऐसा व्यक्ति इसी तरह के मानसिक अभ्यास में लगा रहता है वह लगातार धन ब्याज निवेश विवरण निवेश की परिकल्पना शेयर बाजार की चाल इत्यादि के बारे में सोचता रहेगा। स्वाभाविक रूप से ऐसे व्यक्ति के अंतिम छण में निवेश और परिसंपत्ति प्रबंधन के ही विचार आते रहेंगे। इसी तरह एक व्यक्ति जो अपनी पत्नी और परिवार से इतना जुड़ा है कि हर पल उसी के बारे में सोचता है इसलिए वह अंतिम क्षण में भी परिवार से संबंधित मुद्दे का विचार करेगा।

इसके अलावा यदि एक निवेश करने वाले व्यक्ति से कोई बातचीत करता है तो वह केवल इस विषय से संबंधित बात करेगा ऐसा इसलिए क्योंकि उसके लिए दुनिया में यही महत्वपूर्ण मुद्दा है। यही बात परिवार उन्मुक्त व्यक्ति पर भी लागू होती है उसकी सारी परिचर्चा परिवार पर होगी।

यह दो उदाहरण स्पष्ट करते हैं यदि कोई व्यक्ति अंतिम क्षण में भगवान को याद करना चाहे या नाम जप करना चाहे या ओम का उच्चारण करना चाहे तो अचानक नहीं कर सकता। इसके लिए लंबे समय तक दैनिक अभ्यास की जरूरत होती है। इसके अलावा इस अवस्था को बनाए रखने के लिए एक सक्षम ढांचे के साथ अनुकूल वातावरण की आवश्यकता होती है। यह वास्तव में एक सच्चे सत्संग से मिल सकता है। यह गलत धारणा है कि सत्संग केवल बुजुर्गों के लिए है युवा पेशेवर लोग और मध्यम आयु वर्ग के लोग भी सत्संग कर सकते

हैं। शुरू में आप साप्ताहिक सत्संग से शुरू कर इसकी आवृत्ति बढ़ा सकते हैं। जितनी जल्दी हम इस बिंदु पर पहुंचेंगे , उतनी ही स्थिति के बेहतर होने की संभावना होगी और अंतिम क्षण में मन ईश्वर के श्लोक ऊपर के श्लोक के अनुसार आदर्श स्थिति में पहुंच जायेगा।

20

संतुष्टि

आज के समय में हम कोई भी कार्य एक विशेष दृष्टिकोण के साथ करते हैं। हमारे हर कार्य के पीछे एक स्पष्ट कारण होता है। खेल के मैदान में हर दिन जाने और अभ्यास करने वाला व्यक्ति इसके पीछे कुछ उम्मीद रखता हैं कि या तो वह कॉलेज टीम का या राज्य टीम में प्रतिनिधित्व करना चाहता है। कम से कम वह अच्छे स्वास्थ्य को बनाए रखने की आशा में ही शारीरिक व्यायाम करता है। मंदिर जाने वाले व्यक्ति के पास ढेर सारे कारण होते हैं , जैसे - बच्चों की शिक्षा , बेटे की नौकरी , बेटी की शादी , पत्नी का स्वास्थ्य , पदोन्नति आदि। सूची वास्तव में बहुत लंबी हो सकती है। एक अध्ययनरत छात्र से पूछे तो वह ज्ञान प्राप्त करने के लिए , तो कई लोग अनायास अध्ययन के बारे में सकारात्मक उत्तर न दे सकेगा। इसी तरह एक कार्यालय में कार्य करने वाला कर्मचारियों को भी कई उम्मीदें होती है जैसे -अच्छा वेतन, प्रोत्साहन, तेजी से पदोन्नति, नाम और प्रसिद्धि, शक्ति और मान्यता।

कार्य से संबंधित वर्तमान प्रारूप

यह कोई आश्चर्य की बात नहीं है कि हमारे आसपास के लोग अपने कार्य के प्रति इसी तरह की नीति रखते हैं। वर्तमान में कार्य के इस प्रारूप में चार चरण होते हैं जो आपस में गहरे जुड़े है :-

- काम से उत्पन्न होने वाली कुछ स्पष्ट अपेक्षाओं का विकास

- स्पष्टता और प्रेरणा के साथ काम करने के लिए तैयार होना
- लक्ष्य के अनुरूप परिणाम प्राप्त करना
- और प्रयास का फल प्राप्त करना

इसका तात्पर्य यह है कि अगर ऊपर की इस तार्किक श्रृंखला के टूटने की संभावना है तो वह है बस काम से अलग हो जाना। काम से अलग होना कई तरह से होता है

- काम में रुचि को खो देना
- काम के लिए काम करना
- काम के लिए अपने दिमाग को बंद कर केवल शरीर से कार्य करना
- काम से अपने को दूर रखना
- काम से संबंधित अनुशासन न रखना इत्यादि

ऊपर वर्णित तरीके से काम से अलग होने से पहले हम किसी तरह यह सुनिश्चित करने का प्रयास करते हैं कि हमारी तर्क श्रृंखला न टूट गया है। यह परिणाम को अपने पक्ष में मोड़ने के लिए तरीके खोजना , शक्ति केंदो को प्रभावित करना , अनैतिक और कदाचार के तरीके में संलग्न होना , जो काम और परिणाम की तर्क श्रृंखला को न टूटने देंगा , भले ही कार्य की गुणवत्ता से समझौता ही करना पड़े और अंततः यह कार्यस्थल पर प्रत्येक के लिए एक कड़वा संदेश देता है। माहौल खराब होता है काम की गुणवत्ता और परिणाम समझौता कर लेते हैं और सबसे महत्वपूर्ण बात यह है कि हम में से प्रत्येक इस प्रकार कार्य करता अपने को बंधा हुआ महसूस करता है। इस प्रकार किसी कार्य में संलग्न सभी लोग अपनी प्राथमिकता खो देते हैं फिर भी यह समझना अभी बाकी है कि लोग इस तरह कार्य क्यों करते हैं ? इसके अलावा यह भी जानना दिलचस्प होगा कि हम अपना लक्ष्य क्या रखें ?

भगवान कृष्ण गीता में इस पर प्रकाश डालते हैं।

काम और परिणाम के लिए वैकल्पिक प्रतिमान

हमारे कार्य करने का वर्तमान दृष्टिकोण हमें मूल प्रश्न पर फिर से विचार करने को मजबूर करता है कि "हम कार्य क्यों करते हैं ? या हमें काम से क्या हासिल होगा?"

ये सभी प्रश्न एक अंतर्निहित धारणा से उपजती है। वह है कि हम सभी जानते हैं कि कार्य मुख्य रूप से हमारे भौतिक भलाई और सामाजिक स्थिति में सुधार के लिए है , इस बात में कोई बहस की गुंजाइश नहीं है कि अच्छे कार्य से प्राप्त परिणाम हमारे उद्देश्य की पूर्ति कर सकते हैं। बहरहाल इस बात पर बहस करने की आवश्यकता है कि क्या हम इसी उद्देश्य को लक्ष्य के रूप में निर्धारित करते हैं या अन्य उदात्त उद्देश्य हैं तथा उसे प्राप्त करके हम अधिक प्रसन्न होंगे।

यदि वह तथ्य है जहां पर भगवत गीता हमारे वर्तमान दृष्टिकोण से भिन्न दृष्टिकोण देती है जो कार्य और परिणाम को समझती है। हमें जीवन में वास्तव में खुशी मन की शांति , स्वतंत्रता और काम करने में आनंद और संतुष्टि की भावना और संतोष की भावना की आवश्यकता होती है। वास्तव में भौतिक प्रगति और बेहतर सामाजिक स्थिति जिसे हम सभी आज लक्ष्य बना रहे हैं जीवन में इन मूल उद्देश्यों को प्राप्त करने के लिए प्रतिनिधि के रूप में ही हो सकता है। परन्तु भगवान कृष्ण हमें एक ऐसे निश्चित तरीके के बारे में बताते हैं जो इस मूल उद्देश्य के करीब पहुंचने में कारगर है।

अध्याय 2/51

कर्मजं बुद्धियुक्ता हि फलं त्यक्त्वा मनीषिणः।
जन्मबन्धविनिर्मुक्ताः पदं गच्छन्त्यनामयम्।।

समता युक्त मनीषी साधक कर्मजन्य फलका त्याग करके जन्म रूप बन्धन से मुक्त होकर निर्विकार पदको प्राप्त हो जाते हैं।

समबुद्धि से युक्त ज्ञानीजन कर्मों से उत्पन्न होने वाले फल को त्याग कर , जन्म रूप बंधन से मुक्त हो निर्विकार परम पद को प्राप्त हो जाते हैं। सबसे महत्वपूर्ण बात है कि फल को त्याग कर कार्य करने में संलग्न होना होगा तथा फल की इच्छा पर अपनी पकड़ छोड़ने होगी। भगवान कहते हैं यदि हम काम करने के लिए इस तरह का दृष्टिकोण अपनाते हैं तो वास्तव में बंधन की परतें मुक्त हो जाएंगी। जिन्हें हम

स्वयं पर थोपना चाहते हैं यहां पर स्वयं पर थोपने से अर्थ है - "मैंने यह किया , मैंने वह किया " इत्यादि।

इस प्रकार कार्य करने का यह दृष्टिकोण हमें जीवन में अपने आप ऊंचाई पर ले जाएगा तथा मन की शांति और खुशी मिलती रहेगी इसके लिए हम संघर्ष करते रहते हैं।

कार्य - संतोष के बीच संबंध

काम के लिए यह वैकल्पिक प्रारूप , कार्य और परिणाम की उम्मीद के बीच की कड़ी को जड़ से कटता है। इस प्रक्रिया में क्योंकि कार्य में संलग्न मन गुणात्मक रूप से बेहतर है इसलिए परिणाम आने की प्रवृति बढ़ जाती है। न तो हमें सिस्टम को बदलने में समय बर्बाद करने की आवश्यकता है और न ही अतिरिक्त तनाव विकसित करने की आवश्यकता है। हमें सिर्फ अपने मस्तिष्क और विश्लेषणात्मक शक्ति को अनावश्यक प्रतिबंधों से मुक्त करना होगा।

हम जो भी कार्य करते हैं नौकरी , व्यवसाय इत्यादि में अच्छी तरह से ध्यान केंद्रित करने में सक्षम हो सकेंगे और सफल होने की संभावना बढ़ जाएगी। कार्यस्थल के प्रति सकारात्मक दृष्टिकोण विकसित कर , व्यक्तिगत कौशल तथा संचार कौशल को सुधार कर बेहतर बनाता है। क्या यह हमारे जीवन को दिन-प्रतिदिन सुधार कर मूल्यवान नहीं बनाएगा ?

इन सब के साथ यह धीरे-धीरे प्रत्यक्ष रूप से हम अनुभव करना शुरू कर देंगे की खुशी का क्या मतलब है। आनंद के लिए ज्ञान प्राप्त करना तथा इस ज्ञान का अपने ऊपर अनुपालन करना कितना खुशी की बात होगी इस तरीके को अपने कार्य प्रणाली में शामिल करने पर सबसे महत्वपूर्ण बदलाव यह होगा कि यह लंबे समय तक प्रभावी होगा। हम कार्य पर ज्यादा जोर देंगे तथा भौतिकवाद और अहंकार को संतुष्ट करने के बारे में सोचना बंद कर देंगे। इसके साथ हमारे जीवन के लक्ष्य बदल जाएंगे। हम जीवन में बड़े दृष्टिकोण आध्यात्मिक विकास और संतुलित दृष्टिकोण के साथ खुद की एकीकृत व्यक्तित्व के विकास के बारे में सोचना शुरू करेंगे तथा इस पथ पर आगे बढ़ेंगे जो जीवन को एक नया आयाम देकर संतुष्टि देगा।

21

कार्य और निष्पादन

हर कोई काम में संलग्न है, चाहे वह कार्यालय में हो, या घर पर हो या सार्वजनिक सेवा में हो । हम अक्सर सोचते हैं कि यह अच्छा होता यदि हम काम को बेहतर ढंग से निष्पादित कर सकें। यदि हम बहुत से लोगों से इस बारे में बात करे , जो बेहतर ढंग से काम कर चुके है तो वो कहेंगे कि हमने कैसे कितनी कुशलता से काम किया। दक्षता से हमारा अर्थ है कम समय में और कम संसाधनों के साथ एक काम को निष्पादित करना । यदि किसी संगठन में कर्मचारी न्यूनतम समय में काम कर सकते हैं, तो वह संगठन को कुल उपलब्ध समय में अधिक परिणाम दे सकता हैं। यह संगठन को अधिक काम करने में सक्षम करेगा जिसके परिणामस्वरूप अधिक राजस्व प्राप्त हो सकता है और कई बार कर्मचारी के हाथों में भी पारितोषिक के रूप में अधिक पैसा आ सकता है। दूसरी ओर, जब कोई व्यक्ति किसी कार्य को तेजी से करता है तो वह कार्य करने वाले व्यक्ति के पास समय बचता है और यह खाली समय वह अन्य कार्यों के लिए उपयोग में ले सकता है। इसलिए, यह कोई आश्चर्य नहीं है कि हर कोई यह मानना चाहेगा कि निष्पादन उत्कृष्टता के लिए दक्षता एक जरुरी तत्व है।

दक्षता - निष्पादन उत्कृष्टता को मापने का साधन ?

हमारी सामान्य समझ में, दक्षता आउटपुट से इनपुट का अनुपात है। उदाहरण के लिए, यदि कोई व्यक्ति किसी कार्य को पूरा करने में 8

घंटे लेता है, जिसकी कार्य सामग्री 6 घंटे के बराबर है, तो हम कहते हैं कि वह 75% दक्षता (6/8 = 0.75) के साथ काम कर रहा है। जब हम कहते हैं कि हम काम को तेजी से पूरा करने में सक्षम हैं तो हमारा मतलब है कि हम अधिक कुशलता से काम करते हैं। इस उदाहरण में, यदि वही व्यक्ति बेहतर काम करता है, तो शायद उसे उसी काम को पूरा करने के लिए केवल 7 घंटे की आवश्यकता हो सकती है। इस मामले में उसकी दक्षता 87.5% (7/8 = 0.875) तक बढ़ जाती है। अपेक्षित रूप से, सभी संगठन अपने कार्यस्थल पर दक्षता में सुधार करना चाहते हैं।

निष्पादन उत्कृष्टता की इस परिभाषा में, दक्षता में सुधार करने का तरीका कार्य के निष्पादन के लिए आवश्यक समय को कम करना है। जब कार्य को निष्पादित करने के लिए मशीन का उपयोग किया जाता है तो यह विधि अच्छी तरह से काम करती है। मशीन के कुछ हिस्सों को बदलें, कुछ और अटैचमेंट जोड़ें और इसे गति दें, जिससे कार्य को तेजी से निष्पादित किया जाएगा जिसके परिणामस्वरूप बेहतर दक्षता होगी। यदि मशीन गर्म हो रही है, तो चिकनाई करने के लिए थोड़ा तेल डाले , वातावरण वातनिकुलित करें और इसे ठंडा करें ताकि यह तेजी से काम करना जारी रखे। यदि मशीन के पुर्जे तेजी से खराब हो रहे हैं, तो उनको बदल दें। अंत में, यदि मशीन तेजी से ख़राब हो जाय तो पूरे मशीन को नये से बदला जा सकता है। अधिक उत्पादन (और अधिक पैसे) के साथ कोई भी आसानी से दूसरे मशीन को खरीदने का औचित्य साबित कर सकता है।

आज के प्रबंधन में हम मनुष्यों में भी कार्य की दक्षता में सुधार के लिए बिल्कुल उसी दृष्टिकोण का उपयोग करते हैं। प्रबंधकों और कर्मचारियों को लगातार गति बढ़ाने के लिए कहा जाता है और उन्हें इस प्रक्रिया में मदद करने के लिए कुछ अतिरिक्त सॉफ्टवेयर और गैजेट दिए जाते हैं। कार्य स्थल को कार्य लायक बनाने के लिए A /C , Cooler , पंखे , उचित प्रकाश की व्यवस्था की जाती है कर्मचारियों को अतिरिक्त समय के लिए अतिरिक्त भुगतान किया जाता है जो एक प्रकार के लुब्रिकेंट का कार्य करता है। कुछ समय बाद कर्मचारियों को बढ़ती मांग का सामना करने में असमर्थ होने के कारण छोड़ने के लिए कहा जाता है।

दुर्भाग्य से, यह उपाय दक्षता और इसे प्राप्त करने के तरीके सबसे हानिकारक हैं। यह तरीका कर्मचारियों के साथ काम नहीं करेगा साथ ही माहौल को खराब करेगा और मालिकों (और उनके प्रतिनिधियों) तथा श्रमिकों के बीच अविश्वास की स्थिति पैदा करेगा। इसमें व्यक्तियों के मनोविज्ञान को चकनाचूर करने, उनकी संवेदनाओं को बिगाड़ने और उनके अहंकार को चोट पहुंचाता है। इन सबसे ऊपर, यह डर की एक बड़ी भावना पैदा कर सकता है (किसी भी समय नौकरी खोने का)। हम आज पहले से ही कई संगठनों में यह देख रहे हैं। यह संगठनों को लंबे समय के लिए विफलताओं के लिए अधिक संवेदनशील बना देगा और इसे बहुत वफादार और प्रतिबद्ध कर्मचारियों के निर्माण से रोकेगा।

इससे मूल प्रश्न उठता है कि क्या दक्षता में सुधार , निष्पादन उत्कृष्टता में सुधार के समान है। भगवद्गीता में निष्पादन उत्कृष्टता की धारणा दक्षता की तुलना में बहुत बड़ा और गंभीर मुद्दा है। इस लिए इसे एक नये आयाम में देखने की जरुरत है।

कार्य में निष्पादन उत्कृष्टता का अर्थ

भगवान कृष्ण का सुझाव है कि निष्पादक उत्कृष्टता (कर्मसु कौशलम्) प्राप्त करने के लिए, हमें योग बुद्धि की आवश्यकता है और काम में संलग्न होने के दौरान मन को इस मानसिकता (तस्माद्योगाय्या युज्यस्व) के द्वारा लगातार निर्देशित होना चाहिए। गीता में पिछले दस श्लोकों में योगी के मन की धारणा पर कुछ विस्तार से चर्चा की गई थी। इसलिए, यह हमें निष्पादन उत्कृष्टता से संबंधित दो महत्वपूर्ण निहितार्थ प्रदान करता है;

योग बुद्धि के साथ काम करने से यह सुनिश्चित होगा कि हम निष्पादन उत्कृष्टता प्राप्त करें और हमें निष्पादन उत्कृष्टता को अलग तरह से मापने की आवश्यकता है।

अध्याय 2.50

बुद्धियुक्तो जहातीह उभे सुकृतदुष्कृते।
तस्माद्योगाय युज्यस्व योगः कर्मसु कौशलम्।।

बुद्धि-(समता) से युक्त मनुष्य यहाँ जीवित अवस्था में ही पुण्य और पाप दोनों का त्याग कर देता है। अतः तू योग-(समता-) में लग जा,

क्योंकि योग ही कर्मों में कुशलता है।

वर्तमान सोच के विपरीत, निष्पादन उत्कृष्टता केवल संसाधनों और समय का बेहतर उपयोग करने के बारे में नहीं है, यह इसे प्राप्त करने की प्रक्रिया के बारे में भी है। इस श्लोक के माध्यम से भगवान कृष्ण ने मात्रात्मक संवर्धन के साथ गुणात्मक संवर्धन का सह-विकास करने का सुझाव देकर निष्पादन उत्कृष्टता की धारणा को बढ़ाने की बात करता है। अन्यथा, कई वर्षों की उत्पादक दक्षता के बावजूद कोई भी टूटा-बिखरा हुआ व्यक्ति बन सकता है। यह बाहर की दुनिया में उत्पादक दक्षता और भीतर आध्यात्मिक दक्षता के बारे में है।

समता की अधिक भावना प्राप्त करना योग बुद्धि विकसित करने का एक महत्वपूर्ण परिणाम है। जब हम इसे प्राप्त कर लेते हैं, तो हम काम के उतार-चढ़ाव और उससे उत्पन्न होने वाले परिणामों से आसानी से विचलित नहीं होते हैं। ऐसी स्थिति में, किसी व्यक्ति के विचार और मानसिक ऊर्जा अनावश्यक रूप से बर्बाद नहीं होती है। बेहतर फोकस और ध्यान अवधि के साथ, दक्षता में सुधार प्राप्त करना संभव है। हालांकि, दक्षता में सुधार का यह तरीका दिमाग की बेहतर मानसकिता के साथ आता है। इसलिए, यह लंबे समय में बुरे प्रभाव का परिचय नहीं देता है। कर्मचारी कम भयभीत होंगे, बहुत अधिक तनावग्रस्त नहीं होंगे और अपने काम और पारिवारिक जीवन को संतुलित करने में सक्षम होंगे। यह बदले में आभासी चक्र में जुड़ जाएगा और भविष्य में स्थिति बेहतर होने की संभावना है।

आध्यात्मिकता - निष्पादन उत्कृष्टता के लिए एक उत्प्रेरक

यदि हम गीता के नुस्खे अपनाते हैं, तो जब व्यक्ति काम करने की प्रक्रिया में अपने सच्चे आत्मा की खोज करने में सक्षम होते हैं तो निष्पादन उत्कृष्टता अपने सबसे अच्छे रूप में होती है । एक संगठन में स्थायी परिवर्तन में योगदान करने की खुशी जो अपने परिवेश में चीजों को बदल सकती है, आध्यात्मिकता का विषय है। इसे अकेले किसी व्यक्ति के इनपुट और आउटपुट की तुलना करके नहीं मापा जा सकता है। न ही निष्पादन उत्कृष्टता को जीवन के तरीके में बदलने की इसकी क्षमता को अनदेखा किया जाना चाहिए। एक आध्यात्मिक

रूप से विकसित व्यक्ति काम करते हुए कार्य में अधिक ऊर्जा लाएगा और प्रदर्शित करेगा कि काम आनंददायक है। जीवन में बड़ी चीजों के लिए उनका प्यार, और ऐसा करने की खुशी का कार्यस्थल पर ध्यान देने योग्य प्रभाव पड़ेगा। यह वास्तव में संक्रामक भी होता है क्योंकि वह अपने आसपास के लोगों को अपना सर्वश्रेष्ठ प्रदर्शन करने के लिए प्रेरित कर सकता है। ये पहलू वास्तव में निष्पादन उत्कृष्टता के विभिन्न पहलू हैं।

दक्षता में सुधार और इनसे जुड़े प्रोत्साहनों के संकीर्ण उपाय , निष्पादन उत्कृष्टता के वातावरण के बावजूद उनकी क्षमता की तुलना में कम हो जाएंगे। संगठनों को यह सुनिश्चित करना चाहिए कि व्यक्ति समय के साथ कार्य करके अपने आध्यात्मिका (Spiritual Quotient) को बढाएं । ताकि निष्पादन उत्कृष्टता में सुधार होकर कार्य क्षमता को बढ़ाये , हमें दक्षता को मापने का तरीका भी बदलना होगा। अधिक आध्यात्मिकत मन के साथ, वे कर्तव्य की पुकार का बेहतर जवाब देंगे , क्योंकि वे वास्तव में अपने आंतरिक स्व की पुकार का जवाब देना सीखते हैं। भगवान कृष्ण हमें ऐसी ही संभावना की ओर इशारा कर रहे हैं।

22

प्रतिक्रिया

जीवन में हम समय बीतने के साथ कई तरह की स्थितियों से गुजरते हैं। कभी-कभी, हमारे पास बहुत खुशी का क्षण होता है क्योंकि हमने वह हासिल किया जो हमने लक्ष्य रखा था। उदाहरण के लिए, हमें वेतन वृद्धि या पदोन्नति मिली या एक छात्र को उसकी पसंद के कॉलेज में प्रवेश मिला या नौकरी के इच्छुक को वह नौकरी मिली जिसकी उसे तलाश थी। इसका प्रभाव यह होता है कि एक तो हम बहुत अधिक आनन्दित होते हैं और दूसरे बहुत अहंकारी हो जाते हैं और खुद को दूसरों से अलग कर लेते हैं।

ऐसे भी समय होते हैं जब सब कुछ अच्छा नहीं रहा है। हमने शेयर बाजार में निवेश किया और पैसे खो दिए क्योंकि हमने जो शेयर खरीदे थे उनका बाजार मूल्य नीचे चला गया था। वैकल्पिक रूप से, हमने नौकरी खो दी, एक बॉस मिला जो परेशान करता है और इसी तरह कई अन्य। एक छात्र परीक्षा के लिए तैयारी तो किया लेकिन परीक्षा का पेपर उससे अलग था जिसके परिणामस्वरूप खराब प्रदर्शन हुआ। कई लोग इसका सामना करने में असमर्थ हैं और मानसिक अवसाद में चला जाता हैं और अपने और दूसरों के लिए समस्याएं पैदा करते हैं। कुछ अन्य बस रास्ते से गिर जाते हैं, यह नहीं जानते कि कैसे प्रतिक्रिया करें।

ऐसी घटनाएं हर किसी के जीवन में समय-समय पर होती रहती हैं। हालांकि यह एक आम बात है। जो सामान्य नहीं है वह जीवन में

इन उभरती स्थितियों के प्रति हमारी प्रतिक्रिया है। यदि स्थितियों और प्रतिक्रिया को व्यापक रूप में देखे तो हमें जो मिलता है वह निम्न है।

जब एक सुखद स्थिति है : -

- तब हम सातवें आसमान पर हैं। हम इसे यथासंभव भव्य तरीके से मनाना चाहते हैं।
- हम अवसाद और निराशा की स्थिति में होते हैं। हम इसके बारे में सोचने या इसके बारे में बात करने से बचना चाहते हैं।
- हम परिणाम का पूरा श्रेय लेते हैं। हमें एहसास होता है कि हमारे पास कितनी क्षमता है और हम कार्य को पूर्णता के लिए निष्पादित करने में कितनी अच्छी तरह सक्षम हैं कि परिणाम वास्तव में यह क्या था।

जब एक सुखद स्थिति नहीं है : -

- हम विफलता के लिए हर किसी और हमारे आसपास की हर चीज को दोषी मानते हैं। हम परमेश्वर को भी हमारे साथ अन्याय करने के लिए दोषी ठहराते हैं।
- हमें लगता है कि हम इस दुनिया में हम किसी से कम नहीं हैं। पृथ्वी पर कोई भी ताकत हमारी प्रगति और सफलता को नहीं रोक सकती।
- हमें लगता है कि हम बिल्कुल बेकार हैं और दुनिया के सबसे बदकिस्मत व्यक्ति हैं।
- अक्सर हमें दूसरों की आवश्यकता महसूस नहीं होती और "मैं" की भावना अपने चरम पर होती है।
- "मै " का भाव कटा महसूस होता है। हम अपने आस-पास के अन्य लोगों की आवश्यकता महसूस करने लगते हैं जो हमें support तथा share करे।

नेतृत्व लक्षणों के विकास से संबंध

ऐसी स्थितियां भविष्य में कई बार सामने आती रहती हैं। इसलिए, इस व्यवहार के दीर्घकालिक प्रभावों को जानना महत्वपूर्ण है। यदि हम ऊपर वर्णित तालिका का विश्लेषण करें , तो यह स्पष्ट हो जाता है कि हम केवल उत्तेजनाओं पर प्रतिक्रिया कर रहे हैं। यह लगभग एक पशु व्यवहार जैसा दिखता है। जब एक अच्छी स्थिति सामने आती है तो आनंदित होना और जब अच्छी स्थिति नहीं उत्पन्न होती है तो मानसिक अवसाद और तनाव की स्थिति में होते है।

यह हमें भविष्य में ऐसी स्थितियों का सामना करने के लिए लचीलापन विकसित करने में हमारी किसी भी तरह से मदद नहीं करता है। ऐसे लोग कभी भी परिवार, समाज और कार्यस्थल में जिम्मेदार भूमिका निभाने के लिए आवश्यक आंतरिक शक्ति और चरित्र विकसित नहीं कर सकते हैं। उनको नेतृत्व के लक्षण विकसित करना मुश्किल होगा जो बढ़ने के साथ आवश्यक हैं। वे जीवन में कोई ज्ञान प्राप्त नहीं करते हैं। वे समुद्र के बीच में चक्रवात में फंसी नाव की तरह दो लहरों के बीच फ़से होते हैं।

क्या हमें कुछ और करने की आवश्यकता है? हमें वास्तव में कैसे प्रतिक्रिया करनी चाहिए? हम देखेंगे कि भगवान कृष्ण हमें इस पहलू पर क्या सलाह देते हैं।

भावनात्मक निर्लिप्तता , स्थिर मन और ज्ञान की ओर ले जाती है

ऊपर वर्णित स्थितियों की प्रतिक्रियाओं का मूल कारण किसी भी मुद्दे के लिए भावनात्मक लगाव है। जब कोई बहुत भावुक हो जाता है, तो पहली बात यह होती है कि भेदभाव की शक्ति खो जाती है। बुद्धि भेदभाव की शक्ति से संपन्न समुच्चय है। एक भावनात्मक स्थिति में, मन बुद्धि पर नियंत्रण हासिल करता है और इसका कार्य करना बंद कर देता है। एक बार ऐसा होने पर, हम उस स्थिति पर इस प्रकार प्रतिक्रिया करेंगे कि हमें बाद में पछताना पड़े (जब चित्त शांत हो जाए और बुद्धि पर नियंत्रण पुनः स्थापित हो जाए)। इसलिए, भगवान कृष्ण सबसे पहले सलाह देते हैं कि मन की एक ऐसी स्थिति विकसित करना महत्वपूर्ण है जो हमेशा सतर्क रहे और सामने आने वाली स्थितियों (सर्वत्र अनाभिष्णेहः) के प्रति बहुत अधिक लगाव में

लिप्त न हो।

भगवान कृष्ण आगे कहते हैं कि यदि हम इस क्षमता को विकसित करें कि जब सामने आने वाली स्थिति अच्छी नहीं हो तब मन विचलन (न द्वेष्टि) में फिसल नहीं जाए। इसके अलावा, जब सामने आने वाली स्थिति अच्छी होती है तो हम आनन्दित न हो (ना-अभिनंदति)। इस प्रक्रिया में, एक व्यक्ति यह भी प्राप्त करेगा कि उसका मन स्थिर हो और वह ज्ञान (प्रज्ञा) प्राप्त करे।

अध्याय 2.57

यः सर्वत्रानभिस्नेहस्तत्तत्प्राप्य शुभाशुभम्।
नाभिनन्दति न द्वेष्टि तस्य प्रज्ञा प्रतिष्ठिता।।

सब जगह आसक्ति-रहित हुआ जो मनुष्य उस-उस शुभ-अशुभ को प्राप्त करके न तो अभिनन्दित होता है और न द्वेष करता है, उसकी बुद्धि प्रतिष्ठित है। जो सब जगह स्नेहरहित है अर्थात् जिसकी अपने कहलाने वाले शरीर, इन्द्रियाँ, मन, बुद्धि एवं स्त्री, पुत्र, घर, धन आदि किसी में भी आसक्ति, लगाव नहीं रहा है।

वस्तु आदि के बने रहने से "मैं" बना रहता है और उनके बिगड़ जाने से "मैं" बिगड़ जाता है, धन के आने से "मैं" बड़ा हो जाता है और धन के चले जाने से "मैं" मार जाता है -यह जो वस्तु आदिमें एकात्मताकी तरह स्नेह है, उसका नाम 'अभिस्नेह' है। स्थितप्रज्ञ कर्मयोगीका किसी भी वस्तु आदिमें यह अभिस्नेह बिलकुल नहीं रहता। बाहरसे वस्तु, व्यक्ति, पदार्थ आदिका संयोग रहते हुए भी वह भीतरसे सर्वथा निर्लिप्त रहता है।

भावनात्मक निर्लिप्तता का विकास करना

भावनात्मक निर्लिप्तता विकसित करना जीवन में एक बहुत ही मूल्यवान क्षमता है। इस क्षमता को हासिल करने के लिए समय और निरंतर प्रयास की आवश्यकता होती है। हमें स्थितियों के प्रति अपनी प्रतिक्रियाओं के बार-बार पूछताछ और विश्लेषण में संलग्न होना चाहिए। समय के साथ सचेत रूप से ऐसा करने से हम इस बात की अच्छी समझ विकसित करेंगे कि भावनात्मक रूप से अलग होना क्यों मूल्यवान है। इस तरह के बार-बार पूछताछ और आत्मनिरीक्षण हमें दुनिया और उन स्थितियों के बारे में एक वस्तुनिष्ठ दृष्टिकोण

विकसित करने में मदद कर सकते हैं जिनका हम सामना करते हैं। दुनिया का यह एक वस्तुनिष्ठ दृष्टिकोण हमें ज्यादातर समय बुद्धि को नियंत्रित करने में मदद करता है। यह बुद्धि को सुनने और उसकी सलाह को गंभीरता से लेने के लिए मन को तैयार करेगा।

इस यात्रा का एक सुखद परिणाम यह है कि भावनात्मक निर्लिप्तता हमें अपने आस-पास की गतिविधियों और स्थितियों के प्रति एक अलग लगाव की ओर ले जाती है। हम काम की खुशी की खोज करना शुरू कर देंगे, जैसा कि यह वर्तमान में हमें अनुभव करने वाले काम की कठिनता और ऊब के विपरीत हैं। महान नेताओं के जीवन और कार्यों की बारीकी से जांच करने से यह पहलू स्पष्ट रूप से सामने आता है। आइए हम भगवान कृष्ण की इस सलाह से लाभान्वित हों और अपने भीतर एक आत्म-परिवर्तनकारी अनुभव का आनंद लें।

23

मन की शांति

❧

हम सभी की "इच्छा सूची" में एक सामान्य मांग होती है वह है "मन की शांति "। आप राष्ट्रीयता, धर्म, जाति, पंथ, उम्र और लिंग से परे किसी से भी पूछ सकते हैं कि क्या यह उनकी इच्छा सूची में है तो वे सभी हां में ही जवाब देंगे। यह दर्शाता है कि यह एक धार्मिक या आध्यात्मिक मूल्य नहीं है, बल्कि इसके लिए हमारा दिल व्यथित रहता है। आखिरकार, अगर हम किसी डॉक्टर के पास जाते हैं, तो वह भी यही बतलायेगा कि मन की शांति हमारे लिए एक स्वस्थ जीवन प्रदान कर सकता है। फिर भी सबसे बड़ा आश्चर्य यह है कि , हमारे लिए इसका अभ्यास चुनौतीपूर्ण हैं। हमें अपने आप से यह पूछने की आवश्यकता है कि 24 घंटों में हमारा चित्त कितने समय शान्त रहता है। अशांत मन को नींद में भी मन की शांति नहीं मिल सकती क्योंकि सपने परेशान करते रहेंगे।

रिमोट नियंत्रित मन की शांति

हम सभी के मन की शांति हमारे आस-पास के कई अन्य लोगों द्वारा रिमोट नियंत्रित होती है। कोई हमारे बारे में टिप्पणी करेगा और उसके कारण हम मानसिक शांति खो देंगे। कोई अन्य व्यक्ति हमारे साथ अनुचित तरीके से व्यवहार करेगा तथा इसके बाद हमें मानसिक पीड़ा की ओर ले जाता है। जब हमें लगता है कि हमारे साथ धोखा हुआ है या हमारे साथ बुरा व्यवहार किया गया है तो हम कार्यालय और सार्वजनिक स्थानों पर लोगों पर चिल्लाते हैं । जब हम दूसरे पक्ष से असहमत होते हैं

या उनकी कार्रवाई से खुश नहीं होते हैं तब हम अपने सहयोगियों को लंबे, बुरे ईमेल लिखने में अच्छे कौशल दिखाते हैं । हम अपनी तनाव और निराशाओं को घर ले जाते हैं और मौका मिलते ही परिवार के सदस्यों (बच्चों, जीवनसाथी, माता-पिता और घर के अन्य बुजुर्गों) पर इसका भड़ास निकालते हैं। कई अन्य स्थितियों में हम इसे दूसरों पर स्पष्ट रूप से नहीं निकाल सकते हैं जैसा कि ऊपर दिखाया गया है। इसके बजाय, हम इस पर विचार कर सकते हैं कि बाद में बदला लेने या जवाबी हमले की योजना बना सकते हैं। हम दूसरों को भी कोसते हैं, ईर्ष्या आदि विकसित करते हैं। ये सभी व्यक्ति के मन को व्यथित व उतेजित करते हैं और स्वयं में भारी मानसिक तनाव उत्पन्न करते हैं।

ये सभी क्रियाएं मौलिक रूप से एक विरोध की तरह काम करती हैं और हमें शांतिपूर्ण होने के हमारे सरल लक्ष्य को साकार करने से रोकती हैं। ऐसा नहीं है कि हम हर समय केवल इन गतिविधियों में ही लगे रहते हैं। हालांकि, समय-समय पर हम ऐसी स्थिति में चले जाते हैं कि जीवन में सरल लक्ष्य को प्राप्त करना भी कठिन काम प्रतीत होता है।

मनुष्य को सभी जीवित प्राणियों में सबसे विकसित माना जाता है। हम पांच इंद्रियों और भेदभाव या तर्क की शक्ति से संपन्न हैं। यह हमें अन्य सभी जीवित प्राणियों से अलग करता है और हमें तदनुसार "सोचने और कार्य करने" में सक्षम बनाता है। विशेष क्षमताओं के इतने दुर्लभ बंदोबस्त के बावजूद हम जीवन में इस लक्ष्य को प्राप्त करने में सक्षम क्यों नहीं हैं ? इसलिए यह स्पष्ट है कि हमारे मन की शांति हमारे आसपास के लोगों और घटनाओं द्वारा रिमोट नियंत्रित होती है। ये सभी भारी मानसिक तनाव उत्पन्न करते हैं और अंततः हमें पुरानी गंभीर बीमारियों की ओर ले जाते हैं।

मानसिक तनाव से छुटकारा

मानसिक तनाव की समस्या दूर करने के लिए आधुनिक समय में कई नुस्खे हैं यह अक्सर "आपके जीवन शैली बदलने की आवश्यकता है " से शुरू होता है यह बहुत अस्पष्ट है कोई नहीं जान सकता कि इसका अर्थ क्या है। कुछ लोग इसका मतलब सुबह सैर करना , योग करना तो कुछ के लिए खाने में तेल वसा मीठा को कम करने से है क्या इससे

भी हमें कुछ सहायता मिलेगी यह एक विवादास्पद सवाल है। हम किसी समस्या को तब तक नहीं हल कर सकते जब तक हम इसके मूल कारण को नहीं जानते। यदि हमें सिर दर्द होता है तो एस्प्रिन खाने से अस्थाई रूप से छुटकारा पा सकते हैं मान लें अगर यह सिर दर्द एक दिन होता है तो एस्प्रिन से चला जाएगा परंतु यदि रोज बना रहे तो बुद्धिमानी इसमें है कि सिर दर्द के मूल कारण को खोजा जाए । एस्प्रिन सिर दर्द को एक हद तक ठीक कर सकती है परंतु यह जिस कारण से सिर दर्द हो रहा है उसे नहीं ठीक कर सकती है। तनाव से मुक्ति का जीवन शैली को बदलने का नुस्खा ठीक एस्प्रिन की तरह है मानसिक तनाव नामक इस सिर दर्द से छुटकारा पाने के लिए हमें बेहतर और ताकतवर खुराक की आवश्यकता है लिए देखें भगवान गीता में क्या कहते हैं।

समस्या का मूल कारण

भगवान कृष्ण एक अलग पहलू की ओर इशारा करते हैं और हमें समस्या के स्रोत की तरफ ले जाते हैं। उनके अनुसार बुद्धिमान व्यक्ति जो अच्छी तरह मन पर नियंत्रण के लिए लगातार प्रयास करने में सक्षम है उसे कुछ चुनौतियों का सामना करना पड़ेगा। अशांत इंद्रियां इतनी शक्तिशाली होती हैं कि कभी-कभी वह व्यक्ति के मन को बलपूर्वक हर लेती हैं।

अध्याय 2 / 60

यततो ह्यपि कौन्तेय पुरुषस्य विपश्चितः।
इन्द्रियाणि प्रमाथीनि हरन्ति प्रसभं मनः॥

हे कुन्तीनन्दन! (रसबुद्धि रहनेसे) यत्न करते हुए विद्वान् मनुष्यकी भी प्रमथनशील इन्द्रियाँ उसके मनको बलपूर्वक हर लेती हैं।

हे अर्जुन आसक्ति का नाश न होने के कारण यह प्रमथन स्वभाव वाली इंद्रियां यत्न करते हुए बुद्धिमान पुरुष के मन को भी बलात हर लेती है। भगवान कृष्ण के इस सलाह से यह निष्कर्ष निकलता है कि जब हम मन पर नियंत्रण खो देंगे और इस तरह से कार्य करते हैं जो उचित नहीं लगता तो मानसिक तनाव का अनुभव करते हैं।

इसके अलावा मन पर नियंत्रण होने से इंद्रियों बलशाली हो जाती हैं और इसके आगे व्यक्ति झुक जाता है। एक ही समय में पांच हिंसक घोड़े

के रथ की कामना करें जिसका नियंत्रण हमारे पास नहीं है तो वह गंतव्य तक ले जाने के बजाय हमें इधर-उधर फेंक देगा।

इंद्रिय नियंत्रण का प्रभाव

यदि हम गहराई से अपने हिंसक प्रतिक्रिया के बारे में खोजबीन करें तो हम अपने सक्रिय और अनियंत्रित इंद्रियों का पता लगाने में सक्षम होंगे। एक अनियंत्रित भावना इस प्रक्रिया को शुरू करती है और आग में ईंधन डालती है और व्यक्ति को पशुवत व्यवहार के कगार पर ले जाती है। एक बार मन जब इस अवस्था में पहुंच जाता है तब चीखना चिल्लाना शुरू करता है तथा अमानवीय व्यवहार करता है। अनियंत्रित इंद्रियों वाला व्यक्ति अपने आसपास की स्थितियों के प्रति आवेगी प्रतिक्रियाओं से भरा होता है। वह जो करता है उसमें कोई तुक या लय नहीं होता है। जीवन को अक्सर इस तरह के और नियंत्रित व्यवहारों के लिए पछताना पड़ता है। जो अच्छे चरित्र या स्वभाव का निर्माण नहीं करता।

इसलिए इंद्रिय नियंत्रण व्यक्तिगत विकास और चरित्र निर्माण के लिए मौलिक आवश्यकता है। हम इन्द्रिय नियंत्रण कैसे विकसित करें ?

इस प्रक्रिया में पहला कदम अपने आप को इंद्रियों की अवांछनीय पथ पर जाने से रोकता है। यह केवल विचार चिंतन से ही हो सकता है। जो मन की शांति का मार्ग प्रशस्त करते हैं। इंद्रियों के चालाक तरीके में फसने से बचने के लिए एक उपयोगी अभ्यास है -उत्तेजना और प्रतिक्रिया के बीच समयान्तर ।

इस तरह बुद्धि को तर्कसंगत होने का समय मिलेगा। वह स्थिति का विश्लेषण तथा उसके प्रभाव को जानने का अवसर देगा। यदि हम घातक सांपों के बीच रहते हैं तो अत्यधिक सावधानी बरतते हैं क्योंकि यह हमें हर समय घेरे रहता है। इसलिए हमेशा सतर्क रहने की जरूरत है हमें अपने इंद्रियों को संभालने के लिए एक दृष्टिकोण विकसित करना होगा। भगवान की कृपा और श्लोक के बार-बार चिंतन से इस जाल [आसक्ति के जाल] से निकलने में मदद मिलेगी।

24

ब्रह्मांडीय ऊर्जा

बहुत से लोग शुरू में गंभीरता से कुछ आध्यात्मिक ग्रंथों को पढ़ना शुरू करते हैं और लगभग बहुत जल्द ही महान इरादे को समाप्त कर देते हैं। ऐसा इसलिए है क्योंकि यह सबसे भ्रमित करने वाले साहित्य में से एक है। अक्सर हम ऐसे वाक्यांशों के साथ आते हैं जैसे "मैं सब कुछ में हूं लेकिन मुझमें कुछ भी नहीं है" या "मैं कहीं भी नहीं पाया जाता है, लेकिन हर जगह हूं"। एक आधुनिक कॉन्वेंट शिक्षित तर्कसंगत दिमाग के लिए यह साहित्य को अतार्किक और रसहीन होने के रूप में खारिज करने का यह एक ठोस कारण है। वास्तव में भारत में आध्यात्मिक साहित्य के एक अच्छा खासा हिस्से में देवत्व का वर्णन करने का यही पैटर्न है। हमें न केवल ऐसे ढांचे की सही समझ बनाने के प्रयास की आवश्यकता है, बल्कि एक सक्षम व्यक्ति से मार्गदर्शन भी चाहिए। यही कारण है कि एक बार जब कोई व्यक्ति आध्यात्मिक यात्रा पर गंभीरता से जाने का फैसला करता है तो गुरु की भूमिका पर बहुत जोर दिया जाता है।

पदार्थ और ऊर्जा की धारणा

आइए हम एक इकाई के रूप में बिजली के बारे में सोचें। हमारे आधुनिक जीवन में लगभग हर चीज को बिजली की आवश्यकता होती है। रसोई में ओवन, बाथरूम में वॉटर हीटर, लिविंग रूम में मनोरंजन गैजेट्स, बेड रूम में AC , Mobile डिवाइस जो हम उपयोग करते हैं, लोकोमोटिव जो ट्रेन को खींचता है, सड़क पर ट्रैफिक सिग्नल आदि। यह

एक अंतहीन सूची है।

यदि आप पूछते हैं, "क्या आप इनमें से किसी में बिजली को देख सकते हैं?", तो उत्तर होगा - नहीं । हालाँकि, हम बिजली की उपस्थिति का "अनुभव" कर सकते हैं क्योंकि हम इन गैजेट्स को काम करते हुए देखते हैं और जब बिजली कटौती होती है तो ये सभी गैजेट रुक जाते हैं। इसी तरह अगर हम पूछें कि क्या इन सभी गैजेट्स में बिजली है, तो जवाब फिर से नहीं है, सिर्फ इसलिए कि इन गैजेट में तारों के माध्यम से बिजली गुजरती है। और जब इन गैजेट्स से बिजली गुजरती है तो कुछ काम हो जाता है।

अब हमें तीसरा प्रश्न पूछना चाहिए। क्या पंखा, टीवी और ट्रैफिक सिग्नल बिजली में रहते हैं, जवाब फिर से नहीं है। बिजली अपने आप में कुछ भी नहीं रखती है। ज्यादा से ज्यादा हम कह सकते हैं कि यह ऊर्जा का भंडार है। रुचि का एक और सवाल यह है कि "क्या गैजेट बिजली को प्रभावित करने में सक्षम होंगे?"। फिर से जवाब नहीं है। शायद, इसके विपरीत संभव है। उदाहरण के लिए, पंखे से गुजरने वाली बिजली की मात्रा ब्लेड के घूमने की गति और कमरे में हवा के बहने की मात्रा को प्रभावित करेगी।

हम इनसे क्या निष्कर्ष निकालते हैं ? वास्तविकता के दो पहलू हैं जिन्हें पदार्थ और ऊर्जा (या क्षेत्र) कहा जाता है। जबकि पदार्थ प्रत्यक्ष रूप से बोधगम्य है, रूप, आकार और गुण हो सकते हैं, ऊर्जा इन सभी से रहित है। ऊर्जा के अस्तित्व को जानने का एकमात्र तरीका किसी न किसी रूप में इसके "अनुभव " के माध्यम से है। किसी भी रूप में ऊर्जा का अनुभव करने के लिए, पदार्थ का माध्यम अपरिहार्य है।

दिव्यता और उसकी भूमिका और हमारे साथ संबंध के बारे में हमारी समझ पदार्थ और ऊर्जा से संबंधित उपरोक्त चर्चाओं से काफी मिलती-जुलती है। इस बात को सार्थक समझने के लिए श्रीकृष्ण ने गीता में अनेक श्लोक में घोषणा किए हैं। आइए, गीता के अध्याय 9 से उनमें से दो श्लोकों पर एक नजर डालते हैं।

देवत्व - एक ब्रह्मांडीय ऊर्जा

हम सभी जानते हैं कि जीव कुछ अर्थों में दिव्यता से जुड़े हुए हैं। हालाँकि, हममें इसकी कुछ समझ नहीं है। कृष्ण इसे कुछ उदाहरण देते हैं। कृष्ण कहते हैं, "मेरी महान शक्ति और वैभव (मुझे योग-ऐश्वरम्) को निहारें और गहराई से समझें। मैं (ममात्मा) समस्त जीवों का आदि स्रोत और सृष्टिकर्ता हूँ (भूत-भवनः)। मैं सभी जीवों (भूत-भृत) का पालनकर्ता, पोषक और समर्थक भी हूं। किन्तु न तो जीव मुझमें रहते हैं (न च मत्स्टि भूतानि) और न ही वे मुझे प्रभावित या भौतिक रूप से प्रभावित करते हैं (न च भूतस्थः)।

अध्याय 9 /5

न च मत्स्थानि भूतानि पश्य मे योगमैश्वरम्।
भूतभृन्न च भूतस्थो ममात्मा भूतभावनः।।

यह सब संसार मेरे निराकार स्वरूप से व्याप्त है। सम्पूर्ण प्राणी मुझ में स्थित हैं; परन्तु मैं उनमें स्थित नहीं हूँ तथा वे प्राणी भी मेरे में स्थित नहीं हैं -- मेरे इस ईश्वर-सम्बन्धी योग-(सामर्थ्य-) को देख ! सम्पूर्ण प्राणियों को उत्पन्न करने वाला और उनका धारण, भरण-पोषण करने वाला मेरा स्वरूप उन प्राणियों में स्थित नहीं है।

यह श्लोक इस विचार को सामने लाता है कि देवत्व ऊर्जा का मूल स्रोत (ब्रह्मांडीय ऊर्जा) है, जो सभी जीवित प्राणियों के निर्माण और जीविका के सभी रूपों का आधार है। इसके अलावा, यह उन सभी गतिविधियों का स्रोत भी है जो सृजित प्राणियों के माध्यम से की जाती हैं। पदार्थ और ऊर्जा के पिछले उदाहरण में हमने उल्लिखित सभी गैजेट्स के निर्माण की संभावना के बारे में नहीं सोचा था। हालांकि, यह स्पष्ट है कि पदार्थ केवल ऊर्जा से बनाया गया है। ऊर्जा संरक्षण के नियम की आधुनिक अवधारणा यही मानती है।

यही कारण है कि श्रीकृष्ण कहते हैं कि भगवान सभी प्राणियों के निर्माता, पोषक और समर्थक हैं। इसके अलावा इस मामले में पहले से ही उल्लेख किए गए पदार्थ - ऊर्जा के उदाहरण, इस श्लोक में व्यक्त किये गए सभी बयान और दृष्टिकोण के भ्रम को दूर करने के लिए भगवान श्री कृष्ण यह समझाने के लिए एक रूपक प्रस्तुत करते हैं कि जीवित प्राणी देवत्व से कैसे जुड़े हैं। इस प्रकार होने वाले सत्य को जानो (यत्पादराय)।

जिस प्रकार (यथा) पराक्रमी और महान (महान) पवन (वायुः) खुले स्थान (आकाः) में सदा विद्यमान है (नित्यं स्थितः) और सर्वत्र फैल कर व्याप्त हो चुकी है (सर्वत्रगः), उसी प्रकार (तथा) जीवों का यह सम्पूर्ण ब्रह्माण्ड (सर्वनी भूतानि) मुझमें निवास करता है (मत्स्थानी)।

अध्याय 9 /6

यथाऽऽकाशस्थितो नित्यं वायुः सर्वत्रगो महान्।
तथा सर्वाणि भूतानि मत्स्थानीत्युपधारय।।

अर्थात - जैसे सब जगह विचरनेवाली महान् वायु नित्य ही आकाशमें स्थित रहती है, ऐसे ही सम्पूर्ण प्राणी मुझमें ही स्थित रहते हैं -- ऐसा तुम मान लो।

एक मिलियन क्यूबिक फीट की विशाल खुली जगह के बारे में सोचें। क्या हमारे लिए यह कहना संभव है कि हवा केवल एक छोटे से हिस्से (मान लीजिए 10,000 घन फीट) में है और बाकी जगह कुछ भी नहीं है ? हवा हर उस चीज पर कब्जा कर लेगी और व्याप्त हो जाएगी जो अंतरिक्ष का हिस्सा है। इसके अलावा, ऐसी स्थिति जैसी कोई बात नहीं है जिसमें हम कहते हैं कि 31 दिसंबर, 2040 तक अंतरिक्ष पर कब्जा कर लिया जाएगा और उसके बाद अंतरिक्ष में हवा उपलब्ध नहीं होगी। यह एक अनन्त घटना है जब तक अंतरिक्ष मौजूद है। यह दिव्यता और जीवों के बीच का संबंध है। जब तक जीव ब्रह्मांड में एक प्रकट रूप में (पदार्थ के रूप में) मौजूद हैं, तब तक देवत्व न केवल उन्हें बनाने के लिए एक कारण भूमिका निभाता है, बल्कि उनके माध्यम से (ऊर्जा के रूप में) व्याप्त है। चूंकि पूरा पदार्थ ब्रह्मांडीय ऊर्जा से बाहर आता है, इसलिए वे उस अर्थ में ब्रह्मांडीय ऊर्जा का हिस्सा बन जाते हैं।

वास्तविकता - सूक्ष्म पहलू

हमारे लिए इस चर्चा का क्या उपयोग है ? क्या हम इस दृष्टिकोण से बेहतर या समझदार हैं ?

यह धारणा कि ईश्वर एक दूरस्थ इकाई है जो कहीं उपलब्ध है और हमारी पहुंच में नहीं है, इस परिप्रेक्ष्य को पूरी तरह से चुनौती मिलती है। देवत्व की दूरदर्शिता की यह धारणा वास्तविकता को समझने और स्वीकार करने के साधन के रूप में "पदार्थ" का उपयोग करने के हमारे

प्रमुख दृष्टिकोण का परिणाम है। यह सोचने के समान है कि हमारे पास पैसा तभी होता है जब हमारे पास नकदी के बंडल होते हैं। डिजिटल कैश के युग में, सचमुच ईथर में पैसा बह रहा है, जो तरंग के रूप में है और हमें जो कुछ भी चाहिए वह नकदी को पकड़ने के लिए वाई-फाई क्षमता वाला एक हैंडहेल्ड डिवाइस है और इसे जिस तरह से हम कुछ ऐप का उपयोग करना चाहते हैं उसका उपयोग कर सकते हैं। इसी तरह, एक बार जब हम ब्रह्मांडीय ऊर्जा की सक्षम और मौलिक भूमिका को देवत्व की अंतिम अभिव्यक्ति के रूप में देखने में सक्षम होते हैं, तो हमारा विश्व दृष्टिकोण बदल जाता है। जीव – जगत – ईश्वर के बीच संबंधों के बारे में हमारे विचार बदल जाएंगे।

आधुनिक शैक्षिक प्रतिमान बार-बार हमें केवल उन लोगों को स्वीकार करने के लिए प्रशिक्षित करता है जिन्हें देखा और सत्यापित किया जा सकता है। "देखना ही विश्वास करना है" आवश्यक रूप से वास्तविकता को समझने के लिए एक बहुत मजबूत पद्धति नहीं है। यह वास्तविकता की हमारी धारणा और समझ को गंभीर रूप से सीमित करता है। हमें इस बात की सराहना करने की आवश्यकता है कि सूक्ष्म "ऊर्जा" "वास्तविकता" की हमारी समझ में कहीं अधिक मौलिक और गहरा हो सकती है। कुछ मायनों में, देवत्व के पदार्थ और ऊर्जा पहलुओं को हमारे आध्यात्मिक साहित्य में "सत" और "चित" के रूप में वर्णित किया गया है और भगवान कोई और नहीं बल्कि सच्चिदानन्द हैं।

25

प्रकृति

बीबीसी न्यूज की एक रिपोर्ट के अनुसार, दुनिया में वैज्ञानिकों द्वारा अनुमानित लगभग 8.7 मिलियन प्रजातियां हैं। रिपोर्ट में आगे कहा गया है कि इनमें से अधिकांश की पहचान नहीं की गई है और उन सभी को सूचीबद्ध करने में 1,000 से अधिक वर्ष लग सकते हैं। स्वाभाविक रूप से सवाल उठता है कि इन प्रजातियों में से प्रत्येक के पहले बैच को किसने डिजाइन और निर्मित किया और इसके स्थायित्व के लिए एक तंत्र स्थापित किया।

कुछ फिल्में ऐसी होती हैं जो अकल्पनीय परिणाम की कल्पना प्रदर्शित करती हैं। ऐसी फिल्में "कल्पना भी करना मुश्किल" जैसे विचारों को इतनी भव्यता में प्रस्तुत करती हैं कि हम इसके प्रभाव से उद्वेलित हो एक अलग दुनिया में चले जाते हैं। यहां तक कि ऐसी सर्वश्रेष्ठ फिल्में वर्तमान वैज्ञानिक सिद्धांतों की तुलना में कमजोर पड़ जाएगी जो ब्रह्मांड और जीवित प्राणियों की उत्पत्ति की व्याख्या करना चाहते हैं। संक्षेप में, ये सिद्धांत कुछ बुनियादी बिल्डिंग ब्लॉक्स के साथ ब्रह्मांड की उत्पत्ति को मानते हैं। शुरुआत में कुछ भी नहीं था, शायद एक विशाल ब्लैक होल जो "बेजान" था। इसमें से ब्रह्मांड पदार्थ, ऊर्जा और संवेदनशील आयामों के साथ कुछ स्थितियों के आधार पर बना जो एक संयोग हैं।

ब्रह्मांड: शुरुआत और अंत ?

अपनी सभी प्रगति के साथ वैज्ञानिक समुदाय वर्तमान में क्लोनिंग नामक एक प्रक्रिया के माध्यम से बेजान पदार्थ से "जीवन" का एक छोटा सा टुकड़ा बनाने के लिए कड़ी मेहनत कर रहा है। हालांकि वे किसी दिन कुछ मामलों में इस प्रक्रिया में यथोचित रूप से सफल हो सकते हैं, यह अभी भी स्पष्ट नहीं है कि ऐसे क्लोन लंबे समय तक जीवित रहेंगे या नहीं। वास्तविकता की इस पृष्ठभूमि के खिलाफ हम कैसे विश्वास कर सकते हैं कि "बेजान" ब्लैक होल या कुछ ऐसी इकाई ने वास्तव में 8 मिलियन से अधिक अद्वितीय जीवित संस्थाओं का निर्माण किया है, जिनका हमने अब तक अनुमान लगाया है, जो पौधे और जानवरों के साम्राज्य से संबंधित हैं, तथा जो एक कोशिका वाले अमीबा से लेकर पृथ्वी नामक इस ग्रह में मानव नामक सबसे जटिल और परिष्कृत प्रजाति तक हैं? और ये संस्थाएं अनादि काल से रह रही हैं।

विज्ञान यह भी नहीं जानता कि ब्रह्मांड में कितने ग्रह आधारित सौर मंडल मौजूद हैं और ऐसी प्रणालियों में किस तरह के जीवन रूप मौजूद हैं। इन संस्थाओं को बनाने के लिए Knowhow और जादुई सूत्र किसके पास है? क्या कोई मेगा R&D प्रयोगशाला कहीं काम कर रही है जो हमेशा नवाचार में संलग्न है?

आइए दूसरे पहलू को देखें। सरल वैज्ञानिक सोच हमें सूचित करती है, जिसकी शुरुआत हुई थी, उसका अंत भी होना चाहिए। यदि यह सच नहीं था, तो सृजन प्रक्रिया को बहुत पहले ही रोक दिया जाना चाहिए था क्योंकि यह अन्यथा अस्थिर होगा। यह एक सार्वभौमिक सत्य है और इसलिए ब्रह्मांड पर भी लागू होता है। जबकि वैज्ञानिक समुदाय ब्रह्मांड की शुरुआत और अंत की इस घटना से सहमत है, वे इसे संतोषजनक ढंग से समझाने में सक्षम नहीं हैं। वे अभी भी यह पता लगाने के लिए संघर्ष कर रहे हैं कि ब्रह्मांड की उत्पत्ति कैसे हुई। वे ब्रह्मांड के अंत के बारे में भी समान रूप से अनजान हैं।

अंत में, इस घटना को समझाने के वर्तमान प्रयास जटिल गणित और संभाव्यता सिद्धांतों में जल्दी से इस विचार को लाने के लिए कि ये शायद संयोग की घटनाओं से ट्रिगर होते हैं। जब हम तार्किक व्याख्या की हमारी सीमा तक पहुँचते हैं, तो संभाव्यता सिद्धांत काम में आता है

और बहुत आवश्यक सहायता प्रदान करता है।

कोई भी तार्किक रूप से सोचने वाला व्यक्ति इस निष्कर्ष पर पहुंचेगा कि कोई मौलिक "जीवन देने वाला" स्रोत होना चाहिए, जिसमें ज्ञान और चेतना की असाधारण भावना होनी चाहिए जो इन घटनाओं को व्यवस्थित करना चाहिए। विशाल ब्रह्मांडीय इंजन को शुरू करना और बंद करना बहुत महत्वपूर्ण जिसे भले ही हम ठीक-ठीक नहीं जानते कि कैसे, परन्तु इसमें हमें ईश्वरीय शक्ति की भूमिका को पहचानने की आवश्यकता है। हालांकि हम वास्तव में नहीं जानते कि कैसे। यह इस प्रकार कहने के समान है, जब एक सुंदर नक्काशीदार कलाकृति हमारे सामने पड़ी है, तो हम निश्चित रूप से जानते हैं कि एक मूर्तिकार होगा जिसने इसे बनाया है। हम यह नहीं कह सकते हैं कि यह कौन है, वह व्यक्ति कहां है और उसने कैसे जानकारी प्राप्त की आदि।

जिस प्रकार आधुनिक विज्ञान इसे समझाने के लिए वैकल्पिक रूपरेखाएँ प्रस्तुत करता है, उसी प्रकार भारतीय आध्यात्मिक परंपरा में भी इस प्रक्रिया की व्याख्या की गई है। चिंता का एक मुद्दा है, "बस उस समय के बारे में जब ब्रह्मांड समाप्त हो रहा है, संस्थाओं का क्या होगा? अगर ब्रह्मांड के खत्म होने से एक या दो दिन पहले एक बच्चे का जन्म हुआ है, तो क्या इस बच्चे के पास इस दुनिया का अनुभव करने और जीवन की यात्रा में विकसित होने का उचित मौका नहीं है? इसे समझने के लिए हम भगवद्गीता के दो श्लोकों को देखेंगे।

ब्रह्मांड: प्रभु की एक चक्रीय प्रक्रिया

श्रीकृष्ण कहते हैं कि प्रत्येक कल्प के अन्त में उस समय सभी जीव (सर्व-भूतानी) मेरे स्वरूप (मामिकम) के माध्यम से (यन्ति) मुझमें लीन हो जाते हैं जिसे प्रकृति (प्रकृति) कहा जाता है। हालांकि, अगले कल्प (कल्पदाऊ) की शुरुआत में मैं उन सभी (पुनास्तानी) को एक बार फिर से वापस लाता हूं या फिर से बनाता हूं (विष्णाय-अहम)।

अध्याय 9 /7

सर्वभूतानि कौन्तेय प्रकृतिं यान्ति मामिकाम्।
कल्पक्षये पुनस्तानि कल्पादौ विसृजाम्यहम्।।

उपरोक्त श्लोक के माध्यम से, श्री कृष्ण स्पष्ट रूप से दोहराते हैं कि जीवों का निर्माण पासे फेंक कर नहीं हो रहे हैं। यह वास्तव में इस खेल में एक दिव्य शक्ति है। संयोग से इसके ट्रिगर को "कल्प" नामक पूर्व-निर्धारित समय द्वारा प्रतिस्थापित किया जाता है। एक दिव्य पहलू जो इस सृष्टि निर्माण और विनाश प्रक्रिया में संलग्न है, उसे प्रकृति कहा जाता है। इस तरह से देखने पर, प्रकृति वास्तव में दिव्य इकाई का प्रतिनिधि बन जाती है जिसे बार-बार निश्चित समय अंतराल में ब्रह्मांड के निर्माण और विनाश की जिम्मेदारी के साथ चार्ज किया जाता है।

इस श्लोक से एक और दिलचस्प आयाम निकलता है कि ब्रह्मांड का निर्माण और विनाश वास्तव में केवल दिव्यता की अभिव्यक्ति और अव्यक्त का चरण हैं। इस तरह का दृष्टिकोण हमें इसकी समझ से जुड़ी जटिलता से राहत देता है जहां ऊर्जा की विशाल मात्रा अचानक प्रकट हुई जब ब्रह्मांड नए सिरे से बनाया गया था। यह हमें इस रहस्य को समझने से भी राहत देता है कि ब्रह्मांड के समाप्त होने पर ये सभी ऊर्जा अचानक कहाँ समाप्त हो जाती है।

इन कथनों को स्पष्ट करने के लिए, श्रीकृष्ण आगे कहते हैं कि मैं अपने ऊपर (स्वम्वणभ्य) प्रकृति (प्रकृति) नामक पहलू को धारण करता हूँ और मैं जीवों के संपूर्ण विस्तार (भूताग्रामम्-इमाणं कृष्णम्) को बार-बार (पुनः पुनः) अभिव्यक्त और अव्यक्त (विष्टमि) की इस प्रक्रिया के अधीन करता हूँ। अतः समस्त जीवों से संबंधित यह प्रक्रिया प्रकृति (प्रकृति) के हाथों में है और स्वयं जीवों का कोई नियंत्रण नहीं है |

अध्याय 9 /8

प्रकृतिं स्वामवष्टभ्य विसृजामि पुनः पुनः।
भूतग्राममिमं कृत्स्नमवशं प्रकृतेर्वशात्।।

प्रकृतिके वशमें होनेसे परतन्त्र हुए इस सम्पूर्ण प्राणी समुदायको मैं (कल्पोंके आदिमें) अपनी प्रकृति को वश में करके बार-बार रचता हूँ।

विशिष्ट शीत निष्क्रियता (हाइबरनेशन)

आत्म-विकास और मुक्ति प्राप्त करना ही सभी व्यक्तियों के लिए उनके जीवन का एकमात्र लक्ष्य है। वे वैकल्पिक मार्ग अपना सकते हैं और इस लक्ष्य को प्राप्त करने के लिए अपने प्रयास कर सकते हैं।

कुछ लोग सोच सकते हैं कि इसे प्राप्त करने का एकमात्र तरीका बहुत अधिक धन जमा करना है; कुछ अन्य लोग सोच सकते हैं कि इसे प्राप्त करने के लिए किसी को प्रसिद्ध होने की आवश्यकता है। कोई तीसरा व्यक्ति सोच सकता है कि इसका मतलब गरीबों और जरूरतमंदों की मदद करना है। एक जीवन काल पर्याप्त नहीं हो सकता है क्योंकि इस यात्रा को पूरा करने में कई जन्म लेने होंगे। इसलिए, हमें ब्रह्मांड के अंत के संदर्भ में इस यात्रा में एक निष्पक्ष प्रक्रिया और सुनिश्चित निरंतरता की आवश्यकता है। अन्यथा, यह खेल के मैदान में देर से पहुंचने जैसा है (उन कारणों के लिए जो हमारे लिए बिल्कुल जिम्मेदार नहीं हैं) और कहा जा रहा है कि खेल कुछ ही मिनटों में बंद हो जाएगा।

आज, अंतिम परिणामों और कार्रवाई के फल "यहां और अब" की प्राप्ति के प्रति हमारा अभिविन्यास उस अंतर्निहित समझ से निर्देशित है कि समय-समाप्त हो रहा है। सेमेटिक धार्मिक विचार में यह सच हो सकता है, क्योंकि वहाँ पुनर्जन्म की संभावना मौजूद नहीं है। दूसरी ओर, श्लोक हमें एक हाइबरनेशन प्रक्रिया की संभावना की ओर इशारा करते हैं जो हम कंप्यूटर के उपयोग में देखते हैं। हाइबरनेशन का सरल उदाहरण मेढक के जीवन काल को देख कर समझ सकते है , वह तक़रीबन 9 महीने सुप्त अवस्था में जमीन में गहरे नीचे पड़ा रहता है और बरसात के समय में वह जमीन पर दिखाई पड़ता है।

श्लोकों में सुझाई गई हाइबरनेशन प्रक्रिया एक व्यक्ति को आत्म-विकसित होने और पूर्णता प्राप्त करने का एक उचित अवसर प्रदान करती है। यह व्यक्ति को अच्छे कार्यों और जीवन जीने के सही तरीके से संलग्न होने के लिए प्रोत्साहित करता है, इस बात की चिंता न करें कि परिणाम कब फलीभूत होंगे।

प्रभु के लिए जो 8 मिलियन अद्वितीय प्रजातियों को डिजाइन और निर्माण कर सकता है, एक चक्र के अंत में जीवित प्राणियों को हाइबरनेट करना और उन्हें फिर से ब्रह्मांड में वापस लाना एक बहुत ही सरल कार्य होना चाहिए। यही विश्वास हमें बिना किसी भय, संदेह या दबाव के मुक्ति के मार्ग की ओर ले जाएगा।

26

जीवन में निर्णय लेना

एक व्यापक धारणा है कि प्राचीन भारतीय ज्ञान पुराना, अप्रासंगिक और अवैज्ञानिक है। एक औसत सुशिक्षित भारतीय दृढ़ता से मानता है कि प्राचीन भारतीय ज्ञान का गंभीर अवलोकन केवल अंध सोच, उन मुद्दों को संबोधित करने के लिए तर्कहीन दृष्टिकोण और जीवन के लिए एक भाग्यवादी दृष्टिकोण को बढ़ावा देगा। इसलिए यह शायद ही आश्चर्य की बात है कि प्रबंधन, प्रौद्योगिकी या चिकित्सा के क्षेत्र में आधुनिक विशेषज्ञ, प्राचीन भारतीय ज्ञान की बात कम ही करते हैं। शिक्षा के क्षेत्र के विशेषज्ञों और नीति निर्माताओं ने समय-समय पर इस स्थिति का बचाव कर आग में घी डालने का काम किया और इसे किसी भी तरह से पाठ्यक्रम में लाने के किसी भी प्रयास का विरोध किया है। इनके कारण, युवा मन को भगवद गीता जैसे ग्रंथों में निहित ज्ञान के खजाने से दूर रखा गया है।

किसी के जीवन में कठिन निर्णय लेने की स्थितियों का सामना करना कोई नया विचार नहीं है। हम में से हर कोई समय-समय पर अपने जीवन में इसका सामना करता है। जब हम कठिन निर्णय लेने की स्थितियों का सामना करते हैं, तो हम ताश के पत्तों की तरह ढह जाते हैं और स्थिति से दूर भागने की कोशिश करते हैं। कुछ मामलों में, हम

किसी अन्य मुद्दे के पीछे छिप जाते हैं और निर्णय लेने से बचते हैं। इन मुद्दों को अर्जुन नामक चरित्र का विश्लेषण करके भगवद गीता के अध्याय 1 में खूबसूरती से सामने लाया गया था। आज की स्थिति के लिए इस तरह के क़ीमती ज्ञान को कोई कैसे अप्रासंगिक बना सकता है?

संगठनों में वरिष्ठ नेताओं, परिवारों और सामाजिक मंडलियों में बुजुर्ग सदस्यों, को कठिन निर्णय लेने की स्थितियों का सामना करना पड़ता है। जब कोई इस दुविधा से गुजरता है तो ऐसी परिस्थितियों में कोई कैसे प्रतिक्रिया करता है, और इस तरह की दुविधाओं से कैसे बाहर निकलता है, यह मूल्यवान ज्ञान है। आइए हम अपना ध्यान भगवद गीता की ओर मोड़ें और देखें कि इन मुद्दों पर हमें क्या मदद मिल सकती है।

कड़े फैसले लेने से बचना

यदि हम महाभारत युद्ध की शुरुआत में अर्जुन के व्यवहार को देखते हैं, तो एक व्यवहार पैटर्न है, जिसे हम उसकी प्रतिक्रिया के संबंध में देखते हैं। यह भगवद्गीता के अध्याय 1 में चर्चा के लिए मुख्य विषय है। जब नेताओं को कठिन निर्णयों का सामना करना पड़ता है, तो एक तरीका होता है जिसके द्वारा वे इन निर्णयों को लेने से बचते हैं (उसका सलूशन जानने के बावजूद)। कई बार वे वास्तव में जानते हैं कि समस्या का समाधान है। हालांकि, उन्हें एहसास है कि निर्णय को लागू करना बिल्कुल आसान नहीं है। अर्जुन के मामले में, समाधान युद्ध के मैदान में सभी योद्धाओं को मारकर कौरवों को पराजित करना था। हालाँकि, यह उनके लिए आसान नहीं होने वाला था (विशेषकर जब उनके गुरु और अन्य बुजुर्ग कौरव पक्ष में थे)। एक बार जब इस वास्तविकता का पता चलता है, तो नेता यथास्थिति का बचाव करना शुरू कर देते हैं या तर्कों को आगे बढ़ाते हैं कि हमें वह निर्णय क्यों नहीं लेना चाहिए जो हमने निर्धारित किया है। गीता के अध्याय 1 में हम पाते हैं कि अर्जुन ने कई तर्क दिए जो बहुत ठोस लगे। इसलिए युद्ध नहीं लड़ना, एक मजबूत मामला था।

आज के प्रबंधन में, हम अक्सर ऐसी स्थितियों का सामना करते हैं। जब निर्णय को लागू करना कठिन होता है, तो वरिष्ठ प्रबंधन आगे नहीं

बढ़ने के नए कारणों का पता लगाने के लिए अपनी बौद्धिक क्षमता का सबसे अच्छा उपयोग करती है। कुछ लोग कहेंगे कि यह पद्धति सिद्ध नहीं हुई है और इसलिए हम प्रतिस्पर्धी के माहौल को देखते हुए इस प्रयोग को अपना कर सकते हैं। कुछ अन्य कहेंगे कि यह कठिन है। एक अन्य व्यक्ति यह दिखाने के लिए एक विस्तृत संख्यात्मक विश्लेषण भी कर सकता है कि यथास्थिति बनाए रखना समझदारी क्यों है। एक औसत नेता इन बढ़ते तर्कों के आगे झुक जाएगा और शायद बहुमत की भावना के साथ जाएगा। हालांकि, भगवान कृष्ण अर्जुन से सहमत नहीं थे तथा कुछ और महसूस करते थे। उच्च प्रदर्शन करने वाले संगठनों में नेताओं को भी भगवान कृष्ण के समान व्यवहार करना होगा। कठिन निर्णयों से बचना एक महान नेता की विशेषता नहीं है। परिवारों और सामाजिक मंडलियों में बुजुर्गों को इसी तरह की परिस्थितियों का सामना करना पड़ता है और निर्णय लेने से बचने और वास्तव में इन कठिन निर्णयों को लेने के बीच चुनाव करना होता है।

बुरे फैसलों का स्रोत

इसे सुधारने का पहला कदम यह जानना है कि हमें अपने निर्णयों में समझौता करने के लिए क्या प्रेरित करता है। ठीक यही बात भगवान कृष्ण अर्जुन को बताते हैं। पहले भगवान कृष्ण ने सोचा कि अर्जुन इस तरह भ्रम (विष्मय समुपस्तिततम्) के साथ क्यों फंस गया था। उन्होंने अर्जुन को स्पष्ट किया कि उनके दृष्टिकोण (युद्ध से बचने का) का दीर्घकालिक प्रभाव क्षत्रिय (अनार्यजुष्म) के रूप में उनकी भूमिका के अनुरूप नहीं होगा, उन्हें कोई लाभ (अश्वर्ग्यम) नहीं देगा, न ही उन्हें प्रसिद्धि (अकीर्तिक्रम) अर्जित करेगा।

अध्याय 2.2

कुतस्त्वा कश्मलमिदं विषमे समुपस्थितम्।
अनार्यजुष्टमस्वर्ग्यमकीर्तिकरमर्जुन।।

वह उसे याद दिलाते है कि उसका व्यवहार उसके अपने स्वभाव के अनुरूप नहीं है (नैतात-त्वै-युपद्यते)। वह अर्जुन से आग्रह करते है कि वह बेहोशी (हृदयही) को त्याग दे और सामने आने वाली स्थिति का जवाब देने की अपनी प्रकृति पर वापस आ जाए।

अध्याय 2 . 3

क्लैब्यं मा स्म गमः पार्थ नैतत्त्वय्युपपद्यते।

क्षुद्रं हृदयदौर्बल्यं त्यक्त्वोत्तिष्ठ परन्तप।।

भगवान कृष्ण द्वारा की गई टिप्पणियां वास्तव में बहुत व्यावहारिक हैं। आज के नेताओं के लिए इन पर विचार करना बहुत मूल्यवान होगा। वे एक साथ यह समझाने के लिए एक सामान्य ढांचा प्रदान करते हैं कि नेता कठिन निर्णय लेने से क्यों बचते हैं (स्पष्टता का अभाव के कारण भेदभाव की शक्ति अभाव जो इस मानसिकता के बारे में आपको कम संदिग्ध बनाता है आपको रक्षात्मक दृष्टिकोण अपनाने की तरफ ले जाता है और जो आपको एक बेहोशी की स्थिति में ले जाकर बुरे निर्णय करवाता है)। समस्या तब शुरू होती है जब निर्णय लेने वाले लोग उस मुद्दे के बारे में स्पष्टता की कमी विकसित करते हैं जिससे उन्हें निपटने की आवश्यकता होती है। उनके पास भूमिका स्पष्टता की भी कमी है।

अर्जुन को पता होना चाहिए कि वह एक क्षत्रिय है। पिता / माता को परिवार में अपनी भूमिका पता होनी चाहिए और शिक्षक को उसकी भूमिका पता होनी चाहिए। स्पष्टता की यह कमी बहुत जल्दी भेदभाव की कमी में विकसित होगी। इसलिए जो सही है और जो गलत है उसके बीच का अलगाव खत्म हो जाएगा। एक बार जब वे इस तरह के चरण में पहुंच जाते हैं, तो वे उन निर्णयों के पीछे अपनी धारणाओं पर सवाल नहीं उठाएंगे जिन पर वे विचार कर रहे हैं। अंततः यह उन्हें बुरे निर्णयों की ओर ले जाएगा।

परामर्श का महत्व

ज्ञान और विशेषज्ञता वाले लोग, मुद्दों के व्यापक सेट की समझ और दीर्घकालिक दृष्टिकोण के साथ इन मुद्दों को दूर करने में सक्षम हैं। इससे भी महत्वपूर्ण बात यह है कि वे निर्णय निर्माता को सुस्ती से बाहर निकालने के लिए अद्वितीय क्षमताओं से संपन्न हैं। इस तरह वे उन्हें जाल से छुड़ाते हैं और उन्हें अच्छे निर्णय लेने की दिशा में मार्गदर्शन करते हैं। भगवान कृष्ण महाभारत में एक चमकदार उदाहरण थे। संपूर्ण गीता शिक्षाएं इस दृष्टिकोण से विशेष अपील करती हैं।

आधुनिक समय की भाषा में ऐसे लोगों को सलाहकार कहा जाता है। भगवान कृष्ण निस्संदेह एक मास्टर सलाहकार हैं और उनके परामर्श कौशल गीता के शेष 17 अध्यायों में पूरी तरह से उजागर होते हैं। यदि हम गीता को इस दृष्टिकोण और समझ की भावना के साथ पढ़ते हैं, तो वह हमें हमारे जीवन में बेहतर निर्णय लेने की दिशा में मार्गदर्शन करेगी। इससे एक शांतिपूर्ण और संघर्षपूर्ण जीवन होगा, जिसके लिए हम सभी दिन-प्रतिदिन संघर्ष करते हुए प्रतीत होते हैं।

27

आत्मा की यात्रा

हम में से कई लोग "समय साझा करने" की अवधारणा से अवगत हो सकते हैं जो आमतौर पर छुट्टी रिसॉट्र्स और पर्यटन स्थलों में प्रचलित होते हैं। जब हम कुछ राशि का अग्रिम भुगतान करते हैं, तो हम हॉलिडे रिज़ॉर्ट कंपनी द्वारा सूचीबद्ध कई पर्यटन स्थलों में से एक में एक वर्ष में एक निश्चित संख्या में दिनों तक रहने के हक होते हैं, माना एक वर्ष में तीन दिन। एक बार जब हम कोटा पूरा कर लेते हैं तो हमें उस जगह को खाली करने और अपने रहने की जगह पर वापस आने और अपने सांसारिक जीवन को जारी रखने की आवश्यकता होती है। यह सामान्य ज्ञान है कि यदि हम अधिक भुगतान करते हैं, तो ठहरने के दिनों की संख्या बढ़ सकती है। हालांकि, हम सभी जानते हैं कि एक दिन हॉलिडे रिसॉर्ट खाली करना और अपने घर वापस लौटना सुनिश्चित है।यह साझा करने का मॉडल तथा सनातन धर्म से जीने के तरीके से अलौकिक समानता रखता है। यह सोचकर कोई भी ललचाएगा कि समय साझा करने का विचार सीधे इसी से निकाला गया होगा।

आत्मा की यात्रा

कर्म और पुनर्जन्म का ढांचा जो सनातन धर्म का मूल है, हमारे मन में हमारे जीवन के पिछले संस्करणों के साथ-साथ आगामी भविष्य के संस्करणों के बारे में कई प्रश्न छोड़ देता है:

- मृत्यु के बाद आत्मा का क्या होता है, जो एक जन्म की पराकाष्ठा है ?
- यदि कोई व्यक्ति जीवित रहते हुए अच्छे कार्यों में संलग्न रहा है, तो मृत्यु के बाद उसके लिए क्या है ?
- यह आत्मा एक जन्म से दूसरे जन्म के बीच कहाँ रहती है ?
- क्या कोई वैकल्पिक मार्ग उपलब्ध हैं और इनके निहितार्थ क्या हैं ?
- इस संभावना को देखते हुए किसी व्यक्ति का लक्ष्य क्या होना चाहिए ?
- अच्छे और बुरे कर्मों का लेखा-जोखा कैसे रखा जाता है और क्या अच्छे कर्मों का लाभ उठाने का कोई तंत्र है ?

चूंकि यह सनातन धर्म की आधारशिला में से एक है, इसलिए इसे उन लोगों के दिमाग में स्पष्टता की आवश्यकता है जो जीवन के इस तरीके का अभ्यास करना चाहते हैं। स्वाभाविक रूप से इस मुद्दे को वैदिक संग्रह , उपनिषदों, धर्म शास्त्रों, महाकाव्यों और पुराणों में असंख्य तरीकों से बताया गया है। श्रीकृष्ण ने भी सरल शब्दों में इनमें से कुछ प्रश्नों के उत्तर दिए हैं। इसे समझने के लिए आइए, भगवद्गीता के अध्याय 9 के दो श्लोकों को देखें |

स्वर्ग के लिए दो-तरफ़ा मार्ग

श्री कृष्ण इस तथ्य को दोहराते हैं कि उनके प्रयासों की पवित्रता और उनकी प्रार्थना की तीव्रता के कारण लोग इस नश्वर दुनिया को छोड़ने के बाद स्वर्ग प्राप्त करते हैं। यह स्वर्ग में आगे की यात्रा का गठन करता है। कई लोग विभिन्न प्रकार के यज्ञ (यज्ञैरिष्ट्व) करते हैं। यज्ञों के विभिन्न कार्यों से स्वयं को शुद्ध करके (पूत-पापः) वे मुझसे प्रार्थना करते हैं (मान्) और स्वर्ग की खोज करते हैं (स्वर्गतिं प्रतापन्ते)। पुण्य (पुण्यम्-आसाद्या) प्राप्त करने के आधार पर वे (ते) देवों और इंद्र (सुरेंद्र-लोक) के आकाशीय लोक (दिवि) में दिव्य सुखों (देव-भोगन) का आनंद लेते हैं।

अध्याय 9 . 20

त्रैविद्या मां सोमपाः पूतपापा यज्ञैरिष्ट्वा स्वर्गतिं प्रार्थयन्ते।

ते पुण्यमासाद्य सुरेन्द्रलोक मश्नन्ति दिव्यान्दिवि देवभोगान्।।

दिवंगत आत्मा के लिए आगे का रास्ता समझाने के बाद, श्री कृष्ण नश्वर दुनिया में वापसी का मार्ग समझाने के लिए आगे बढ़ते हैं। जिन लोगों ने ऊपर वर्णित स्वर्ग को प्राप्त किया (ते) देवताओं के विशाल (विशाल) स्वर्ग में आकाशीय सुखों का आनंद लेने के बाद (तं स्वर्गलोक) वे अपने सभी पुण्य को समाप्त कर देते हैं। अपने समस्त संचित पुण्य (कृष्ण पुण्ये) की कमी पर वे वापसी की मार्ग पर आते हैं और पुनः इस नश्वर संसार (मात्र्यलोक) में प्रवेश करते हैं | इस प्रकार (एवः) भौतिकवादी वस्तुओं और सुख-सुविधाओं में इच्छा रखने वाले (कामकामः) तीनों वेदों (त्रयधर्मम्) में दिए गए शास्त्रों के नुस्खों का पालन करके (अनुप्रपन्नः) स्वयं (लभान्ते) दो लोकों के बीच आगे-पीछे (गतागत) जाने के चक्र में फंस जाते हैं।

अध्याय 9 . 21

ते तं भुक्त्वा स्वर्गलोकं विशालं क्षीणे पुण्ये मत्र्यलोकं विशन्ति।
एव त्रयीधर्ममनुप्रपन्ना गतागतं कामकामा लभन्ते।।

वे उस विशाल स्वर्गलोकके भोगोंको भोगकर पुण्य क्षीण होनेपर मृत्युलोकमें आ जाते हैं। इस प्रकार तीनों वेदोंमें कहे हुए सकाम धर्मका आश्रय लिये हुए भोगोंकी कामना करनेवाले मनुष्य आवागमनको प्राप्त होते हैं।

उपरोक्त श्लोकों में जीवन के अच्छे कार्यों का वर्णन नहीं किया गया है, केवल इसलिए कि इसकी चर्चा अन्यत्र की गई है। केवल यज्ञ की धारणा का संदर्भ दिया गया था। हमारे शास्त्रों में निर्दिष्ट यज्ञ करने से हम यह सुनिश्चित करेंगे कि अच्छे जीवन के सभी आधुनिक कार्य जैसे कि परोपकारी होना, गरीबों के साथ धन साझा करना, जरूरत के समय समाज की मदद करना और समाज के सामान्य हित के लिए सभी कार्य शामिल हैं।

जीने के अच्छे कार्य - एक दीर्घकालिक परिप्रेक्ष्य

उपरोक्त श्लोकों में इस तथ्य पर ध्यान देना महत्वपूर्ण है कि अच्छे कर्म व्यक्ति को जन्म और मृत्यु के इस चक्र से मुक्ति नहीं दिलाते हैं बल्कि वे उन्हें कुछ उच्च स्तर के आनंद के माध्यम से अच्छे कर्मों के

माध्यम से अर्जित "क्रेडिट" को समाप्त करने की अनुमति देते हैं जब तक कि क्रेडिट बैलेंस शून्य तक नहीं पहुंच जाता। उसके बाद यह वापस इस मृत्युलोक में आ जाते है। यह सेमेटिक धर्मों के नुस्खों से बहुत अलग दृष्टिकोण है। इन धर्मों में, अच्छे जीवन के कार्य ही पर्याप्त होते है। चूंकि इन धर्मों में एक ही जन्म का मॉडल है, इसलिए बार-बार जन्म और मृत्यु चक्र के मुद्दे को संबोधित करने की कोई आवश्यकता नहीं है।

यदि हम सनातन धर्म के आदर्श का समर्थन करते हैं तो अच्छे जीवन के कार्यों को करने की प्रेरणा क्या है ? जन्म-मृत्यु चक्र से बाहर निकलने को कैसे विकसित किया जाता है ?

हमें इन मुद्दों को स्पष्टता से समझना चाहिए। सबसे पहले, जीवन के अच्छे कार्य करने के बारे में कोई दूसरी राय नहीं है। हमारी योजना में, जन्म और मृत्यु चक्र से मुक्ति की अंतिम स्थिति के लिए अग्रणी व्यक्ति के विकास की कल्पना दो चरण की प्रक्रिया के रूप में की जाती है। पहला चरण अपने मन, विचारों और कार्यों की शुद्धि के बारे में है और दूसरा चरण गहरे आत्मनिरीक्षण के बारे में है जो किसी की अपनी मुक्ति की ओर ले जाता है। इस मॉडल में पहले चरण को छोड़ने और सीधे दूसरे चरण में स्नातक होने के लिए कोई विधि उपलब्ध नहीं है।

एक अलग तरह से कहा गया है, अच्छे जीवन के कृत्यों द्वारा हमारे मन की शुद्धि न केवल हमें "अस्थायी" सुख देती है जैसा कि उपरोक्त श्लोकों में बताया गया है, बल्कि हमें क्रमिक पुनरावृत्तियों में मन की शुद्धता के उच्च अनुपात में भी ले जाता है। इसके अलावा, स्वर्ग में अस्थायी प्रवास और आनंद का आकर्षण कम हो जाता है और इससे अधिक स्थायी तत्व की लालसा शुरू हो जाती है। इसके साथ ही एक बार जब मन शुद्ध और सांसारिक विकर्षणों, तनाव और दबावों से रहित हो जाता है, तो पूरा ध्यान परम सत्य और जीवन के अर्थ की खोज की ओर जाता है। इस स्तर पर अंतिम मुक्ति के लिए आवश्यक ऊर्जा विकसित किया जाता है ।

अंतिम विश्लेषण में, यह स्पष्ट हो जाता है कि अच्छे जीवन के कार्य ठोस आधार और मुक्ति के लिए लॉन्च पैड बन जाते हैं। इसलिए, इन श्लोकों से तत्काल "अभी और यहाँ" एक पवित्र जीवन जीने की

आवश्यकता होती है। इसलिए हमारे धर्म शास्त्र अच्छे जीवन के इन सिद्धांतों पर बहुत जोर देते हैं और इसके लिए कई तरह के सुझाव प्रदान करते हैं। इनमें भोजन की आदतों, धार्मिक अनुष्ठानों, हमारे पूर्वजों और माता-पिता के प्रति हमारे दृष्टिकोण, मनुष्यों और जीवित प्राणियों के साथ सह-अस्तित्व आदि के लिए कई सिफारिशें शामिल हैं। यह जीवन जीने के लिए एक व्यापक मैनुअल की तरह है जो हमें अच्छे संस्कारों और वासना को विकसित करने में मदद करता है ताकि भविष्य के जन्म अंततः हमें मुक्ति की ओर ले जाएं।

आइए हम अभी से इसके लिए निवेश करें, जो बाद में सावधानीपूर्वक मुक्ति की स्थिति में ले जाएं।

28

स्थिर मन

भौतिकी में हमें बताया गया है कि प्रकाश तरंगें 300,000 किलोमीटर प्रति सेकंड की दर से यात्रा करती हैं और जो शायद सबसे तेज होती हैं। हालांकि, मानव जाति के लिए ज्ञात सबसे तेज़ गति मन है। एक सेकंड के एक अंश में हमारा मन एक छण नई दिल्ली में अपने रिश्तेदारों के घर जा सकता है, या तो दूसरे क्षण बैंगलोर जा सकता है और साथ ही साथ यम लोक (जो भी इसका अर्थ हो) या वैकुंठ भी जा सकता है और वापस उस स्थान पर लौट भी सकता है जहाँ वर्तमान में भौतिक शरीर निवास कर रहा है। अगर आपको अपने दिमाग की क्षमता को लेकर जरा भी संदेह है तो एक जगह बैठकर 15 मिनट के लिए आंखें बंद कर लें। मन की इस शक्ति का अनुभव करेंगे।

मन और उसकी क्षमताएं

गति , मन का सिर्फ एक पहलू है। मन कई और अनूठी विशेषताओं से संपन्न है। दिमाग में ऐसी कई चीजों को एक साथ प्रोसेस करने की क्षमता होती है। स्पष्ट रूप से यह एक असाधारण क्षमता प्रतीत होती है जो हम सभी में स्वाभाविक रूप से प्रतीत होती है। यह दुर्लभ क्षमता हमारे लिए क्या कर सकती है यह एक दिलचस्प सवाल है। कल्पना कीजिए कि हमारे पास एक मशीन है जिसमें भारी शक्ति (10000 अश्वशक्ति) है। मशीन हमारे लिए कई तरह के काम कर सकती है। यह वस्तुओं को खींच सकता है, क्रश कर सकता है, दबा सकता है, पाउडर

कर सकता है, मिश्रण कर सकता है, इत्यादि । क्या यह मशीन हमारे लिए उपयोगी होगी ? क्या यह हमारे लिए अच्छा होगा ? इस सवाल का जवाब हां और ना दोनों है।

अगर हम नहीं जानते कि इस मशीन को कैसे संचालित किया जाए और इसे कैसे नियंत्रित किया जाए , तो यह हमारे लिए परेशानी का एक बड़ा स्रोत हो सकता है। एक दोषपूर्ण ऑपरेशन मशीन को ही ख़त्म कर सकता है। कभी-कभी मशीन स्वयं क्षतिग्रस्त हो सकती है जिसके लिए बड़ी मरम्मत, प्रतिस्थापन आदि की आवश्यकता होती है। अंत में यह हमें घातक रूप से ख़राब हो सकता है या हम पर ऐसा नुकसान पहुंचा सकता है कि हमें इससे उबरना मुश्किल हो सकता है। दूसरी ओर, अगर हम जानते हैं कि मशीन को कैसे संचालित किया जाए और इसे ठीक से बनाए रखा जाए, तो यह समृद्धि का एक बड़ा स्रोत हो सकता है। हम इसका लाभकारी उपयोग करने और इससे लाभ उठाने में सक्षम हो सकते हैं।

कुछ अर्थों में, मानव मन इस मशीन के समान है। यदि हम लंबे समय तक अभ्यास कर मन पर नियंत्रण करते हैं, तो एक ही समय में कई चीजों को संसाधित करने की इसकी असाधारण क्षमता का अच्छा उपयोग किया जा सकता है। एक स्तर पर यह हमें अपने दैनिक जीवन में अधिक उत्पादक होने और कुछ अद्भुत चीजें करने में मदद कर सकता है। एक अन्य स्तर पर, यह हमें आध्यात्मिक जीवन की ओर अपना ध्यान बहुत अच्छी तरह से मोड़ने में मदद कर सकता है। महान संत और ऋषि इस श्रेणी के ज्वलंत उदाहरण हैं।

दूसरी ओर, यदि हम मन पर नियंत्रण करने में असमर्थ हैं, तो परिणाम बहुत गंभीर हो सकते हैं और हमें उसी तरह की स्थिति का सामना करना पड़ सकता है जैसा कि ऊपर दिखाए गए मशीन उदाहरण के मामले में है। एक अनियंत्रित मन घोड़ों के झुंड की तरह है जिसे ढीला छोड़ दिया जाता है। यह सभी जगह भटक जाएगा, और प्रचुर रूप से अंतहीन विचारों के साथ वापस आएगा। उदाहरण के लिए, बंगलौर से चेन्नई जाने के एक साधारण मुद्दे पर विचार कीजिए। जो एक साधारण बात बन जाती है वह काफी जटिल हो सकती है यदि मन नियंत्रण में

न हो। अनियंत्रित अवस्था में इससे संबंधित 100 विचार आ जाएंगे। उदाहरण के लिए, मन हर प्रकार (जैसे बस, ट्रेन, कार, हवाई जहाज आदि) से यात्रा करने के आसन्न खतरों की ओर इशारा करेगा, यात्रा से संबंधित कुछ सकारात्मक और नकारात्मक घटनाएं, चुनौतियों और आश्चर्य का सामना कर सकते हैं, एक समूह के साथ अकेले यात्रा करने की वांछनीयता, रात की यात्रा और दिन की यात्रा से संबंधित मुद्दे आदि। एक अनियंत्रित मन वाले व्यक्ति के लिए, विचारों की यह सूची वास्तव में अंतहीन हो सकती है। यह हमेशा एक व्यक्ति को मानसिक आंदोलन की स्थिति में ले जाता है।

इसलिए, यह जानना हमारी स्वाभाविक जिज्ञासा है कि यह मन " और " क्या करने में सक्षम है और हमें इसकी क्षमताओं से लाभ उठाने के लिए क्या करना चाहिए। यह एक विषय वस्तु है जिसे भगवान कृष्ण ने गीता में कई श्लोकों में बहुत विस्तार से बताया है। इस यात्रा में पहला कदम एक स्थिर मन विकसित करना है। आइये इसके बारे में जाने।

स्थिर मन का विकास करना

यदि बैंगलोर से चेन्नई जाने का एक सरल कार्य किसी के दिमाग से इतनी विस्तृत और तीव्रता से संसाधित किया जा सकता है, तो किसी के व्यक्तिगत, पेशेवर या सामाजिक जीवन में अधिक गंभीर निर्णय लेने के परिणामों के बारे में सोचें। मन हमें अपने जीवन में कई इच्छाओं, वस्तुओं और संस्थाओं की ओर खींचता रहेगा। इसे अपना पाठ्यक्रम चलाने देना हमें "अनियंत्रित मन की स्थिति" की ओर ले जाता है। इसलिए, भगवान कृष्ण सलाह देते हैं कि एक स्थिर मन को विकसित करने के लिए पहला कदम मन के पीछे नहीं जाना है क्योंकि यह हर जगह भटकता है (मनोगतं सर्वं कामं प्रजाहति)।

स्वाभाविक रूप से हमारे सामने यह प्रश्न आता है कि फिर हम मन का क्या करें। इसमें हमेशा किसी चीज के पीछे जाने की प्रवृति होती है। अगर हम इसे "बाहर की दुनिया" में जाने नहीं देते हैं, तो इसे बनाए रखना मुश्किल हो सकता है। इसलिए, भगवान कृष्ण सलाह देते हैं कि जब मन को "अंदर की दुनिया" में जाने के लिए प्रशिक्षित किया जाता है तो वह बाहर की वस्तुओं की तलाश करना बंद कर देगा। लंबे समय

तक प्रशिक्षण के बाद, मन "अंदर की दुनिया" (आत्म्यवातिमा तुष्टाः) में रहस्योद्घाटन करना शुरू कर देगा। जब कोई इस तरह के स्तर पर पहुंचता है, तो वह वास्तव में एक स्थिर दिमाग विकसित करने में सक्षम होगा।

अध्याय 2 . 55

प्रजहाति यदा कामान् सर्वान् पार्थ मनोगतान्।
आत्मन्येवात्मना तुष्टः स्थितप्रज्ञस्तदोच्यते।।

श्रीभगवान् बोले - हे पृथानन्दन ! जिस कालमें साधक मनोगत सम्पूर्ण कामनाओंका अच्छी तरह त्याग कर देता है और अपने-आपसे अपने-आपमें ही सन्तुष्ट रहता है, उस कालमें वह स्थितप्रज्ञ कहा जाता है।

आत्म-विकास के लिए एक मार्ग

मन को अपने भीतर की दुनिया में आनंद लेने के लिए प्रशिक्षित करना बाहर की दुनिया को घृणा और अवमानना के साथ खारिज करने के बराबर नहीं है। इसका मतलब यह भी नहीं है कि बाहर की दुनिया से उदासीन हो जाना। यह केवल बाहर की दुनिया के बारे में हमारे दृष्टिकोण को इस तरह से पुनः पेश करेगा कि हम अपने जीवन, विकल्पों और निर्णयों से अधिक अर्थ निकालते हैं जो हम करते हैं। इस यात्रा का पहला चरण हमारी विचार तरंगों को 1000 प्रति मिनट से 100 प्रति मिनट तक सीमित कर देगा और इसी तरह इससे मन अधिक शांत हो जाएगा।

मस्तिष्क के घोड़े को दौड़ने (Storming) आधुनिक सोच के विपरीत इसे एक जगह पर स्थिर (Stilling) करने को है । यदि हम अपने मस्तिष्क को 100 विचारों के साथ आते हैं तो यह उस तूफान से कुछ दिलचस्प विचारों को इकट्ठा करने में हमारी मदद कर सकता है। दूसरी ओर, यदि हम स्थिर चित्त के उपकरण का उपयोग करके अपने मस्तिष्क को स्थिर करें तो हम अपने विचारों में बहुत चिंतनशील और गहरे हो जाएंगे। यह हमें शांति और मन की शांत स्थिति में निर्णय लेने में मदद करेगा। दूसरे चरण में, मन को अपने भीतर की दुनिया में आनंद लेने के लिए प्रशिक्षित करने का यह अभ्यास हमारी आध्यात्मिक यात्रा

को बहुत सुविधाजनक बनाएगा। हम एक अलग दृष्टिकोण और अर्थ के साथ बाहर की दुनिया से संबंधित होना शुरू कर देंगे।

यह सवाल अभी भी अनुत्तरित है कि हम अपने दिमाग को इस तरह से कैसे पुनः पेश करे कि यह लगभग बाहर की दुनिया से भीतर की दुनिया में यू-टर्न ले ले। संपूर्ण भारतीय प्राचीन साहित्य ने इस पर बहुत विस्तार से चर्चा की है। पतंजलि का योग सूत्र, भक्ति, ज्ञान और राज मार्ग, गीता में भगवान कृष्ण की शिक्षाएं कुछ नाम हैं। हमारे पास बहुत सारे संसाधन और गुरु हैं जो हम पर अपनी कृपा बरसाने और इस रास्ते पर चलने में हमारी मदद करने के इच्छुक हैं। हमें इस बारे में गहराई से आश्वस्त होने और श्रद्धा विकसित करने की आवश्यकता है। एक बार जब हम इसे विकसित कर लेते हैं, तो गुरु कृष्ण और भगवत कक्षाएं हमें इस यात्रा पर ले जाएंगी।

29

जीवन के लक्ष्य

हमें लगातार यह याद दिलाया जाता है कि जीवन में सफल होने के लिए, हमें लक्ष्य निर्धारित करने और उन्हें प्राप्त करने की दिशा में काम करने की आवश्यकता है। यह करने की तुलना में कहना आसान होता है। पहला सवाल उन लक्ष्यों की प्रकृति का है जिन्हें हमें निर्धारित करने की आवश्यकता है। मोटे तौर पर हम उन लक्ष्यों को विभाजित कर जिन्हें हम दो श्रेणियों में निर्धारित कर सकते हैं: भौतिकवादी लक्ष्य और आध्यात्मिक लक्ष्य।

भौतिकवादी लक्ष्यों से हमारा मतलब भौतिक कल्याण, रहने वाले आराम, सुरक्षा और धन के निर्माण से संबंधित सभी पहलुओं से है। यह आम तौर पर शिक्षा, रोजगार, कैरियर विकास, सफलता, संपत्ति निर्माण, बचत, परिवार और उनके कल्याण आदि से संबंधित हमारे लक्ष्यों के इर्द-गिर्द घूमेगा। दूसरी ओर, आध्यात्मिक लक्ष्य मुख्य रूप से मानसिक कल्याण, आत्म-प्राप्ति और विकास से संबंधित होंगे। इसका मतलब होगा तृप्ति की भावना जिसे हम अनुभव कर सकते हैं, आंतरिक शांति और शांति, आनंद या आनंद की भावना आदि।

इसके बावजूद, औसत मानव द्वारा सभी खोजे सिर्फ भौतिक कल्याण के बारे में है। हम में से अधिकांश, हमारी शैक्षिक पृष्ठभूमि, धार्मिक झुकाव, आध्यात्मिक प्रशिक्षण आदि के बावजूद अभी भी भौतिक कल्याण को ही महत्व देते हैं। यह स्वस्थ, आरामदायक, अच्छी

नौकरी और वेतन, सुरक्षित भविष्य की भावना, सुखी परिवार और परिवेश और समाज में शक्ति, स्थिति और प्रसिद्धि के बारे में है। दूसरी ओर, हम में से एक बहुत कम लोग आध्यात्मिक कल्याण में सक्षम है और सक्रिय रूप से जीवन के भौतिकवादी पहलुओं को तुच्छ समझते है। आध्यात्मिक कल्याण जीवन विकल्पों की स्वतंत्रता, पूर्ति और पूर्णता की भावना और आत्म-प्राप्ति के अटूट लक्ष्य और इसे प्राप्त करने के लिए आत्म-जांच के निरंतर प्रयास से संबंधित है। यह लंबे समय तक गहन प्रयास (अभ्यास) और सांसारिक चीजों (वैराग्य) के लिए गहरी अटूट अनासक्ति के बाद ही संभव होगा।

हम में से कई लोगों के लिए यह स्पष्ट नहीं है कि इन दो लक्ष्यों के साथ क्या करना है। कुछ लोगों का मानना है कि आध्यात्मिक लक्ष्य , भौतिकवादी लक्ष्यों के साथ परस्पर अनन्य हैं। उन्हें लगता है कि प्रकृतिक रूप से हमें एक या दूसरे का पीछा करने की आवश्यकता है। हालांकि, हम में से अधिकांश महसूस करते हैं कि दोनों लक्ष्यों की आवश्यकता होती है, लेकिन उन्हें अनुक्रमिक क्रम में पीछा किया जाना चाहिए (भौतिकवादी लक्ष्य जब हम युवा होते हैं और आध्यात्मिक लक्ष्य जब हम बूढ़े होते हैं)।

जीवन के दो लक्ष्य

हम में से बहुत से लोग यह भी नहीं जानते हैं कि ये दो लक्ष्य हमारे जीवन के डैशबोर्ड में दो डायल की तरह हैं जिन्हें जीवन कहा जाता है। परन्तु डैशबोर्ड पर हमें केवल एक डायल दिखाई देता है। हम में से अधिकांश के लिए भौतिकवादी लक्ष्य वास्तविक, तत्काल और महत्वपूर्ण दिखाई देते हैं, खासकर जब हम युवा होते हैं। दूसरी ओर, आध्यात्मिक लक्ष्य अंतर्निहित होते हैं और उनके बारे में न तो सचेत रूप से सोचा जाता है और न ही उनके प्रति प्रयास किए जाते हैं। एक अनकही धारणा है कि इन लक्ष्यों को अपने आप प्रकट होने की उम्मीद है, शायद जैसे-जैसे हम बूढ़े होते हैं।

यह विचार कि हम जीवन में अपना सर्वश्रेष्ठ करेंगे और जीवन में भौतिकवादी लक्ष्यों का पीछा करेंगे, जब तक कि हम जीवन में सक्रिय और रोजगार योग्य हैं, तर्कसंगत नहीं है। यह विचार कि सेवानिवृति

के बाद हम "आध्यात्मिक" बन जाएंगे, जीवन की एक त्रुटिपूर्ण तर्क और भोली समझ भी है। यह वास्तव में एक "आश्चर्य" होगा कि हमारी सेवानिवृत्ति के दिन हम घर आते हैं, भोजन करते हैं और सोते हैं और अगले दिन सुबह आध्यात्मिक ऊर्जा और विचारों के साथ बुदबुदाते हुए जागते हैं। वास्तव में, सेवानिवृत्ति के बाद के मानसिक संकट और कम मनोबल जिससे हम में से कई लोग जीवन में गुजरते हैं, जीवन के शुरुआती चरणों से जीवन में दोनों लक्ष्यों को आगे बढ़ाने की आवश्यकता की समझ की कमी के लिए जिम्मेदार है।

सबसे महत्वपूर्ण पहलू सांसारिक मामलों से आध्यात्मिक तल पार करने की हमारी क्षमता है। ऐसा होने के लिए, हमें एक ऐसा जीवन जीना चाहिए जिसमें कल्याण के ये दोनों उपाय संतुलित हों। यह मध्य मार्ग वास्तव में भौतिकवादी आयाम पर धीरे-धीरे कमजोर होकर हमारे अंदर आध्यात्मिक घटक को बढ़ाकर क्रॉसओवर के लिए पुल प्रदान करता है। जबकि यह विचार सैद्धांतिक दृष्टिकोण से ठीक है, हम इसे व्यवहार में कैसे लाने जा रहे हैं ?

भगवान द्वारा भक्त की देखभाल

ऐसे लोगों के लिए (ये जनः) जो मुझ पर (माण) भक्ति (परुपासते) के साथ निरंतर ध्यान और चिंतन करते हैं, बिना किसी अन्य चीज के (अनन्याः सिंतायन्तः) करते हैं, मुझमें गहराई से लीन रहते हैं और मेरी निरंतर संगति (नित्य अभियुक्ताना) की इच्छा रखते हैं, मैं उनके लिए पूरी जिम्मेदारी लेता हूं (वहामी-अहम्) और उन्हें भौतिक कल्याण (योगम्) के साथ-साथ आध्यात्मिक कल्याण (कृष्णमाण) दोनों के साथ संपन्न करता हूं।

अध्याय 9 . 22

अनन्याश्चिन्तयन्तो मां ये जनाः पर्युपासते।

तेषां नित्याभियुक्तानां योगक्षेमं वहाम्यहम्।।

जो अनन्य भक्त मेरा चिन्तन करते हुए मेरी उपासना करते हैं, मेरेमें निरन्तर लगे हुए उन भक्तोंका योगक्षेम (अप्राप्तकी प्राप्ति और प्राप्तकी रक्षा) मैं वहन करता हूँ।

इस श्लोक में भगवान कृष्ण निरंतर ध्यान और चिंतन का सुझाव दे रहे हैं, इसे ठीक से समझने की जरूरत है। यह एक शाब्दिक अर्थ की ओर इशारा नहीं करता है कि "सभी गतिविधियों को छोड़ दें और 24x7 ध्यान के मूड में बैठें"। इसका अर्थ यह है कि हम यह सोचने में अपना समय बर्बाद करने के बजाय कि हम जीवन के इन दो प्रतिस्पर्धी लक्ष्यों को कैसे प्रबंधित करने जा रहे हैं, हम केवल कर्म की दुनिया में संलग्न होते हैं और जीवन की मांगों का जवाब देते रहे और एक दृढ़ समझ और एक निरंतर विचार के साथ स्थितियों को प्रकट करते रहे कि प्रभु इन जटिलताओं का ध्यान रखेंगे (जो हमारे मन की पृष्ठभूमि में निहित रूप से चलता रहे)।

इस प्रकार के व्यवहार के लिए एक सरल उदाहरण है , जो आप दो साल के बच्चे को देखते हैं, जिसे माता-पिता बच्चे को एक सार्वजनिक स्थान या कार्यक्रम में ले जाते हैं और बच्चा पूरी तरह से उन जोखिमों के बारे में चिंता किए बिना कार्रवाई में संलग्न होता है वह सड़क पर हंगामा के बीच से गुजर सकता हैं। बच्चे ने स्पष्ट रूप से एक गहरा विश्वास विकसित किया है कि माता-पिता इसकी देखभाल करेंगे। इस विश्वास के अनुसार, माता-पिता लगातार बच्चे की निगरानी करते है और जब भी आवश्यकता हो, बच्चे को जोखिम से बाहर निकलते है । बच्चा जो एकमात्र कार्य करता है वह समय-समय पर यह सुनिश्चित करता है कि माता-पिता आसपास हैं। हमें प्रभु के प्रति ऐसा ही रवैया विकसित करने और अपने जीवन की खोज में संलग्न होने की आवश्यकता है।

प्रसाद बुद्धि का प्रभाव

यह अभी भी हमारे लिए स्पष्ट नहीं है कि हम जीवन के प्रति इस दृष्टिकोण को कैसे विकसित करेंगे और वास्तव में विश्वास करेंगे कि प्रभु जीवन में हमारे सभी लक्ष्यों और उपलब्धियों का ध्यान रखेंगे। जीवन जीने की इस पद्धति को अपनाने का एक व्यावहारिक तरीका है "प्रसाद बुद्धि" का विकास करना। सनातन धर्म में "प्रसाद" शब्द का एक विशेष अर्थ और महत्व है। एक छोटी पुस्तिका जो हमें मंदिर में प्राप्त हो सकती है उसे प्रसाद कहा जाता है, माता-पिता से पैदा हुआ बच्चा भगवान का प्रसाद है, मंदिर में हमें दिया गया चंदन का तिलक और फूल भी प्रसाद का एक रूप है। यह सूची वास्तव में लंबी है।

हमारे जीवन के हर पल में घटनाएं प्रकट होती हैं और हमें कुछ परिणाम प्राप्त करते हैं। प्रसाद बुद्धि हाथ जोड़कर इन्हें स्वीकार करने की हमारी क्षमता है । यदि हम मानसिक रूप से खुद को यह स्थिति देने में सक्षम हैं कि ये भागवत प्रसाद के अलावा और कुछ नहीं हैं, तो इन परिणामों पर मूल्य निर्णय और हम पर उनका प्रभाव हमारी सोच से पूरी तरह से बाहर हो जाएगा। अच्छे और बुरे की धारणा हमारे दृष्टि से बाहर हो जाएगी और इसके बजाय यह इस विचार से बदल दी जाएगी कि प्रभु ने हमें एक अच्छे कारण के लिए कुछ दिया है।

यह विचार तभी आएगा जब हम भगवान पर लगातार ध्यान करने में सक्षम होंगे जैसा कि कृष्ण ने इस श्लोक में सुझाव दिया है। सही अर्थों में, प्रसाद बुद्धि वाला व्यक्ति वास्तव में समय के साथ अनुभव करेगा कि भौतिकवादी लक्ष्यों और जीवन के आध्यात्मिक लक्ष्यों का वास्तव में भगवान द्वारा ध्यान रखा जाता है। इसलिए वह वास्तव में इस जीवन को सार्थक तरीके से जीने के लिए आवश्यक तत्काल कार्रवाई पर ध्यान केंद्रित कर सकता है।

30

आत्म विकास

एक अच्छी चीज जो किसी के साथ भी हो सकती है, वह यह है कि जब हम किसी भी खोज में संलग्न होते हैं प्रगति इस पर निर्भर करती है कि हम उस गतिविधि को कैसे करते हैं। सरल शब्दों में, इसे विकास कहा जाता है। संदर्भ के आधार पर, विकास हम जो करते हैं उसे बेहतर, अधिक कुशल और कई बार अधिक सार्थक भी बनाता है। ऐसा प्रतीत होता है कि यह सभी जीवित प्राणियों के लिए एक सामान्य वृत्ति है। यहां तक कि जानवर भी इसे स्पष्ट रूप से प्रदर्शित करते हैं कि वे समय के साथ कैसे बढ़ते हैं और परिपक्व होते हैं। आश्चर्य की बात नहीं है कि जीवित प्राणी विकसित होने की इस क्षमता के साथ "आंतरिक रूप से जुड़े " होते हैं और जैसे वे बढ़ते हैं यह एक अंतर्निहित व्यवहार आता है ।

विकास - एक सामान्य घटना

इसलिए, यह कहना उचित है कि मनुष्य का जीवन निरंतर विकास करना है। मां के गर्भ से कब्र तक हर इंसान की यात्रा इस विकास की एक अद्भुत कहानी है। जब से हम इस दुनिया में पैदा हुए हैं, तब से हम जो कुछ भी करते हैं, वह प्रयासों की एक श्रृंखला है जो किसी न किसी रूप में आत्म-विकास में फलित होती है। यह विकास हमारे जीवन के सभी क्षेत्रों में होता है। आइए पहले भौतिक तल को देखें। एक नवजात शिशु पूरी तरह से स्थिर होता है और मां पर निर्भर होता है। हालांकि, ऐसा बच्चा समय के साथ एक अच्छे व्यक्ति के रूप में विकसित होता

है, जहां तक खेलों में शारीरिक उत्कृष्टता का प्रदर्शन होता है और कुछ मामलों में अंतरराष्ट्रीय पदक (ग्रैंड स्लैम जीत, ओलंपिक स्वर्ण पदक आदि) जीतता है।

हम सब एक ही यात्रा के माध्यम से जाते हैं जब यह बौद्धिक विकास की बात आती है। तो हम अपने बारे में और बाहरी दुनिया के बारे में कुछ भी नहीं जानने , कि किस स्थिति से यात्रा शुरू करते हैं। बच्चे को अपने शरीर और अंगों का भार पैर पर उठाने में लगभग 6 महीने लगते हैं क्योंकि उसे स्वामित्व का कोई मतलब नहीं है जब तक कि उसे माता-पिता द्वारा लगातार प्रशिक्षित नहीं किया जाता है। यही कारण है कि जब बच्चा (बच्चे का नाम राम) अपना हाथ हिलाएगा, जब उससे बार-बार पूछा जाएगा, "राम के हाथ कहां हैं?"। यह यात्रा कई लोगों के लिए बौद्धिक कौशल और सांसारिक ज्ञान और विज्ञान, इंजीनियरिंग, प्रौद्योगिकी या प्रबंधन में दक्षताओं के साथ पूरी तरह से विकसित व्यक्ति में समाप्त होती है। यह बौद्धिक विकास कुछ चुनिंदा लोगों को महान नवाचार और नए ज्ञान बनाने के लिए प्रेरित करता है, यहां तक कि उन्हें नोबेल पुरस्कार जैसी मान्यता से सम्मानित भी करता है।

यदि ऐसा है, तो यह स्वाभाविक है कि प्रत्येक व्यक्ति को आध्यात्मिकता और धर्म जैसे अन्य धाराओं में भी विकसित होना चाहिए। यह स्पष्ट रूप से इस तथ्य की ओर इशारा करता है कि भगवान के प्रति भक्ति के मामलों में भी हम विकास के एक निश्चित चरण से गुजर सकते हैं। अपने भक्ति मार्ग में विकास का संज्ञान कैसे लिया जाए ? विकास के प्रत्येक चरण का उद्देश्य क्या है और यह परिवर्तन कैसे होता है ?

इन विचारों को स्पष्ट करने के लिए भगवान कृष्ण ने गीता के अध्याय 9 में कुछ श्लोक समर्पित किए हैं। आइये इसे समझे।

विकासवादी भक्ति का मार्ग

श्री कृष्ण स्पष्ट करते हैं कि भक्ति के विभिन्न प्रथाओं का सहारा लेने वाले लोगों के साथ क्या होता है। जो लोग देवों (देवव्रतः) के प्रति दृढ़ भक्ति करते हैं, वे देवों (देवन यान्ति) को प्राप्त करेंगे और उनसे धन्य होंगे। दूसरी ओर, जो लोग दिवंगत आत्माओं (पितृव्रतः) के प्रति

सख्त प्रथाओं और भक्ति का पालन करते हैं, वे उन्हें (पितृ यन्ति) प्राप्त करेंगे और धन्य होंगे। इसी तरह, जो लोग आत्माओं और ऐसी अन्य संस्थाओं (भूतेज्याः) की पूजा करते हैं, वे उन तक पहुंचेंगे (भूतानि यन्ति)। अंत में (अपि), जो लोग मेरे प्रति दृढ़ भक्ति दिखाते हैं, भगवान (मद्यजिनः) वास्तव में केवल मुझ (यान्ति) तक पहुंचेंगे।

अध्याय 9 . 25

यान्ति देवव्रता देवान् पितृन्यान्ति पितृव्रताः।
भूतानि यान्ति भूतेज्या यान्ति मद्याजिनोऽपि माम्।।

देवताओंका पूजन करनेवाले (सकामभावसे) देवताओंको (शरीर छोड़नेपर) प्राप्त होते हैं। पितरोंका पूजन करनेवाले पितरोंको प्राप्त होते हैं। भूत-प्रेतोंका पूजन करनेवाले भूत-प्रेतोंको प्राप्त होते हैं। परन्तु मेरा पूजन करनेवाले मुझे ही प्राप्त होते हैं।

इस श्लोक के माध्यम से भगवान कृष्ण सुझाव देते हैं कि हमारी भक्ति के चार संभावित मार्ग हैं। एक तांत्रिक प्रथाओं के एक विस्तृत सेट के माध्यम से आत्माओं (बुराई या अन्यथा) से प्रार्थना करना है। अक्सर इस तरह की भक्ति प्रथाओं और प्रार्थनाओं का उद्देश्य अपने स्वयं के जीवन में "बुरे प्रभावों" को दूर करना होता है, दूसरों पर बुरे प्रभाव डालने के लिए जो परेशानी और गड़बड़ी पैदा कर रहे हैं या उच्च परिमाण के कुछ "त्वरित" लाभ प्राप्त करने के लिए जरूरी नहीं कि तैनात किए गए प्रयासों के अनुरूप हों। इस तरह की प्रथाओं में संलग्न होना भक्ति के मामलों में अज्ञानता का प्रदर्शन है और दृढ़ विश्वास की कमी है कि एक सच्चे भक्त के लिए भगवान वास्तव में भौतिक (योग) और आध्यात्मिक (कृष्ण) कल्याण का ध्यान रखते हैं।

किसी व्यक्ति को अपने अनुभवों से सीखने में थोड़ा समय लगता है और विकास की प्राकृतिक प्रवृत्ति उस व्यक्ति को भगवान कृष्ण द्वारा सुझाई गई भक्ति के अन्य रूपों में ले जाती है। दिवंगत आत्माओं और दिव्य संस्थाओं (देवों) के प्रति भक्ति पहली किस्म से कहीं बेहतर है। यह केवल इसलिए है क्योंकि वह दूसरों को नुकसान पहुंचाने से बाहर हो जाता है और इसके बजाय ध्यान ज्यादातर अपने लिए भौतिक कल्याण पर होता है। इस तरह की भक्ति प्रथाओं का उद्देश्य अधिक धन,

प्रसिद्धि, स्वास्थ्य, शक्ति और स्थिति प्राप्त करना है। दूसरे शब्दों में, एक भक्त की पहली यात्रा जीवन में कई चीजों के "डर" से बाहर निकलना है। इस स्तर तक पहुंचने के लिए, प्रभु में विश्वास बढ़ना चाहिए।

भक्ति की इस यात्रा में विकास एक सच्चे भक्त के लिए दो महत्वपूर्ण पहलुओं की ओर ले जाता है। सबसे पहले, समय के साथ भक्त उन लाभों की अल्पकालिक प्रकृति का अनुभव करता है जो वह भक्ति के माध्यम से चाहता है। जीवन के गहरे अर्थ और जीवन के वास्तविक उद्देश्य की खोज ऐसे भक्त को भगवान के करीब ले जाती है और भक्त में भगवान पर विश्वास दृढ़ता से बढ़ता है। जैसे-जैसे प्रभु में विश्वास बढ़ता है, अपने स्वयं के भौतिक कल्याण को संबोधित करने की जिम्मेदारी धीरे-धीरे भगवान को हस्तांतरित करता जाता है। जो अर्थ है उसे भगवान को स्थानांतरित करके , भौतिक अर्थों में नहीं बल्कि मन में विचार करके । जब ऐसा होता है तो भक्त वास्तव में विकसित होता है और भगवान को "बिना शर्त समर्पण" करने में सक्षम होगा। यह वह चरण है जब वह भगवान से प्रार्थना करता है क्योंकि अन्य से प्रार्थना करने की आवश्यकता खत्म हो जाती है।

शरणागति – स्पष्टता और साहस की स्थिति

बिना शर्त आत्मसमर्पण की स्थिति को सनातन धर्म की भाषा में "शरणागति" कहा जाता है। लोकप्रिय धारणा के विपरीत, खुद को आत्मसमर्पण करना बिल्कुल आसान नहीं है। हम स्पष्ट रूप से मानते हैं कि हमें अकेले उन सभी मुद्दों को सुलझाने की जरूरत है जो हम जीवन में सामना करते हैं और सब कुछ अपने सिर पर डालते हैं।

हमारे जीवन में हमारा दैनिक संघर्ष और मानसिक तनाव और थकान का मूल कारण जिससे हम गुजरते हैं, वह केवल इसलिए है क्योंकि हमें प्रभु के सामने आत्मसमर्पण करना मुश्किल लगता है। दुर्भाग्य से, हमारे आस-पास की अधिकांश चीजों पर हमारा नियंत्रण नहीं है और हम में से अधिकांश के लिए हम खुद को पहले स्थान पर भी नियंत्रित नहीं कर सकते हैं। भक्ति के माध्यम से भगवान को आत्मसमर्पण करना केवल जीवन में सब कुछ छोड़ देना, नौकरी से इस्तीफा देना, मंदिरों और सत्संग में लंबी प्रार्थनाओं में बैठना नहीं है।

यह मन की एक अवस्था और निरंतर विचार विकसित कर रहा है कि प्रभु स्वयं के साथ होने वाली सभी चीजों का ख्याल रखता है, भले ही व्यक्ति गतिविधियों और विभिन्न जीवन गतिविधियों की मोटी में हो।

यदि हम इस तरह से प्रभु के सामने आत्मसमर्पण करने में सक्षम हैं, तो हम जीवन में जो कुछ भी करते हैं उसमें आगे बढ़ाने की संभावना नाटकीय रूप से बढ़ जाती है। हमारे जीवन के प्रत्येक परिणाम को प्रभु द्वारा हमें दिए गए प्रसाद के रूप में देखा जाएगा। यह बदला हुआ परिप्रेक्ष्य हमें एक साहसी जीवन जीने के लिए प्रेरित करेगा क्योंकि असफल होने और बुरे परिणामों से डरने की प्रवृत्ति कम हो जाएगी।

यह वास्तव में आध्यात्मिक मार्ग में एक व्यक्ति का विकास है। चूंकि हमारे अंदर एक बुनियादी प्रवृत्ति है, इसलिए हम इस प्रक्रिया को रोक नहीं सकते। हालांकि, सच्ची भक्ति के साथ हम इस प्रक्रिया में अपनी यात्रा को तेज कर सकते हैं।

31

एक नई दृष्टि का विकास

चीजों को ठीक से करने के लिए हम जितना प्रयास करते हैं, उसका काम की सफलता से सीधा संबंध नहीं होता । वास्तव में, कई बार हम ऐसी स्थिति में आते हैं जहां बहुत सारे प्रयास करने के बावजूद, हम पूरी तरह से हार जाते हैं। उदाहरण के लिए, एक छात्र परीक्षा के लिए काफी तैयारी करता है लेकिन प्रयासों के अनुरूप स्कोर नहीं करता है। एक अधीनस्थ लंबे समय तक काम करता है और अपने बॉस के लिए एक रिपोर्ट तैयार करता है, फिर भी अपर्याप्त होने के लिए बॉस द्वारा फटकार लगाई जाती है। हम एक पारिवारिक समारोह या एक सार्वजनिक सामाजिक समारोह आयोजित करते हैं और ईमानदारी से सभी को खुश करने के लिए प्रयास करते हैं। हालांकि, समारोह के अंत में मेहमानों की ओर से शिकायतें और असंतोष आता ही हैं। इन सभी मामलों में एक सामान्य कारण यह हो सकता है कि उन्होंने कार्य को पूरा करने के लिए क्या आवश्यक है, इसकी सही समझ विकसित नहीं की।

जब चीजों को करने में बड़ा प्रयास असंतोष की भावना के साथ समाप्त होता है। तब हमारे लिए यह महत्वपूर्ण है कि हम इस मुद्दे का मूलभूत स्तर पर समाधान करें। इसके अलावा, ये सभी हमारे मन में दुःख और निराशा का निशान छोड़ देंगे। यह लोगों के प्रति नकारात्मक

दृष्टिकोण विकसित कर सकता हैं, ऐसी गतिविधियों में संलग्न होने में रुचि खो सकते हैं और गलतियों के लिए दूसरों को दोष देना शुरू कर सकते हैं। कुछ चरम मामलों में हम खुद में दोष पाते हैं और कई सांसारिक गतिविधियों से पीछे हट जाते हैं। जीवन के प्रति ऐसा दृष्टिकोण बहुत अच्छा नहीं है।

इस स्थिति के कई कारण हो सकते हैं। हमारे पास चीजों को करने का कौशल और ज्ञान नहीं हो सकता है। यदि यह स्थिति है, तो हमें स्वयं को आवश्यक कौशल और विशेषज्ञता से लैस करने की आवश्यकता है। दूसरी ओर, यदि हमारे पास आवश्यक कौशल और विशेषज्ञता है और फिर भी ऐसी स्थिति उत्पन्न हो जाता है, तो यह एक बहुत ही गंभीर मुद्दा है जिसे हमें संबोधित किया जाना चाहिए। इसका एक कारण यह हो सकता है कि हमने विवरण के लिए एक दृष्टि विकसित नहीं की है। एक बार जब हम विवरण के लिए एक दृष्टि विकसित करते हैं, तो यह जीवन में विभिन्न गतिविधियों के निर्वहन में हमारी सतर्कता के स्तर को बढ़ाता है।

विवरण के लिए दृष्टि विकसित करना

"विवरण के लिए दृष्टि विकसित करना" कहने का वास्तव में क्या मतलब है ?

शुरुआत में वाक्यांश "विवरण के लिए दृष्टि विकसित करना" हमें सुझाव देता है कि हमें बहुत सावधानी और संपूर्णता के साथ देखने का उपयोग करने की आवश्यकता है। जब भी हम कुछ देखते हैं, तो हमें एक उत्सुक पर्यवेक्षक होने की आवश्यकता होती है ताकि हमसे कोई भी विवरण छूट न जाय । हमें इसे कई बार देखने की भी आवश्यकता है ताकि हम चीजों को पूरी तरह से और ठीक से समझ सकें। हालांकि, अगर हम इस विचार को थोड़ा आगे ले जाते हैं, तो हम महसूस करेंगे कि विवरण के लिए दृष्टि विकसित करने के लिए अन्य इंद्रियों के संबंध में समान स्तर की तीक्ष्णता विकसित करने की आवश्यकता होती है। उदाहरण के लिए, हमें "सुनने", "स्पर्श", "स्वाद" या "महसूस" के संबंध में एक समान दृष्टिकोण को नियोजित करने की आवश्यकता है। यदि यह मामला है, तो तेज इंद्रियों वाला व्यक्ति विवरण के लिए उच्च स्तर

की दृष्टि विकसित करने में सक्षम होगा।

हालांकि यह एक आवश्यक शर्त हो सकती है, परन्तु यह पर्याप्त नहीं हो सकती है। किसी को उच्च स्तर की दृष्टि विकसित करने की आवश्यकता है ताकि कोई उन चीजों पर अनावश्यक प्रयास करने से बच सके जो सार्थक या वांछनीय नहीं हो सकते हैं। सतर्कता से हमारा मतलब है कि हमारी पसंद का उपयोग करने की हमारी क्षमता है कि संवेदी अंगों का उपयोग कब करना है और कब नहीं। आइए देखें कि भगवान कृष्ण हमें इस पहलू पर क्या सलाह देते हैं।

मुनि: महान दृष्टि की भावना के धनी

भगवान कृष्ण अन्य जीवित प्राणियों के साथ एक विरोधाभासी तुलना का उपयोग करते हुए एक मुनि की विशेषता रखते हैं। उनके अनुसार, जो अन्य जीवित प्राणियों के लिए रात है (य निश सर्वभूतानम) एक मुनि के लिए जागृत होने का समय (तस्यं जागर्ति) है। इसी प्रकार जो अन्य प्राणियों के लिए दिन का समय है (यस्यं जागृति भूतानि) वह मुनि के लिए रात्रि का समय है (सा निषा पश्यतो मुनेः)। मुनि शब्द आम तौर पर मौन के व्यक्ति को दर्शाता है। यह भाषण की चुप्पी नहीं है। ऐसे व्यक्ति का मन (चित्त) बहुत अनुशासन में होता है, सोच बहुत अनुशासित होती है और इसलिए वह अपने काम करने के तरीकों में गहराई से विचारशील होता है। अतः संक्षेप में भगवान श्रीकृष्ण कहते हैं कि जीवन में जागृत होना मुनि होने के समान है।

अध्याय 2.69

या निशा सर्वभूतानां तस्यां जागर्ति संयमी।
यस्यां जाग्रति भूतानि सा निशा पश्यतो मुनेः।।

इस श्लोक का एक सूक्ष्म अर्थ है। रात और दिन से भगवान कृष्ण का शाब्दिक अर्थ दिन का समय नहीं है। रात के समय हमारे संवेदी अंग सक्रिय नहीं होते हैं; वे सुस्त, मृत और गैर-उत्तरदायी हैं। इसके अलावा हम भेदभाव की अपनी शक्ति खो देते हैं क्योंकि हम गहरी नींद में डूबे हुए हैं। दूसरी ओर, दिन के समय संवेदी अंग सक्रिय होते हैं, लगातार सूचनाओं को संसाधित करते हैं और उभरती स्थितियों का जवाब देते हैं। इसके अलावा, हम भेदभाव की अपनी शक्ति का बहुत अच्छी तरह

से उपयोग करने में सक्षम होंगे। दिन और रात की इस समझ को देखते हुए, हम इस श्लोक से कुछ गहरा अनुमान लगा सकते हैं।

भगवान कृष्ण हमें सलाह देते हैं कि सतर्कता की भावना विकसित करना , यह जानने के बारे में है कि कब क्या करना है। साधारण जीवित प्राणी उन चीजों के बारे में सतर्क हैं जो सतही, क्षणभंगुर और अपूर्ण हैं। ऐसी बातें मुनि को बिल्कुल नहीं भाती । इसलिए वह अपने संवेदी और भेदभावपूर्ण संकायों (रात के समय में हमारे अनुभव के समान) को बंद कर देगा। इसके विपरीत, एक मुनि उन चीजों के बारे में सतर्क है जिन पर सामान्य जीवित प्राणी ज्यादा ध्यान केंद्रित नहीं करते हैं।

सतर्कता की भावना विकसित करना

श्लोक के निहितार्थों को दो स्तरों पर समझा जा सकता है। एक दिन-प्रतिदिन के जीवन के अर्थ में, इससे पता चलता है कि जब हम यह देखने में सक्षम होते हैं कि दूसरे सामान्य रूप से क्या नहीं देख पाते हैं, तो स्पष्ट रूप से इसका मतलब है कि हमारे पास विवरणों के लिए बहुत बेहतर दृष्टि है। चर्चा जीवन में सतर्कता विकसित करने के मार्ग की ओर भी इशारा करती है। यह बस बहुत विचारशील होने के लिए है। जीवन में विभिन्न परिणामों और घटनाओं के बारे में एक विचारशील व्यक्ति की समझ गहरी होगी और प्रतिक्रिया अधिक नपीतुली हो जाएगा। ऐसा व्यक्ति हर घटना और अपने आसपास के लोगों को जज नहीं करेगा। वह जल्दी से समझ जाएगा कि इस तरह का दृष्टिकोण केवल मन को और अधिक उत्तेजित करेगा और उसके जीवन को और अधिक तनावपूर्ण बना देगा। दूसरी ओर, वह अपने चारों ओर प्रकट होने वाले परिणामों और घटनाओं के अर्थ की तलाश करेगा। एक बहुत विकसित अवस्था में, ऐसा व्यक्ति इन घटनाओं और परिणामों और भागवत प्रसाद को कृपापूर्वक लेगा और उसे जीवन में घटनाओं के ज़ोरदार युक्तिसंगत होने से बचाएगा।

एक अन्य स्तर पर, यह श्लोक हमारे जीवन को एक गहरा दार्शनिक अर्थ प्रदान करता है। भगवान कृष्ण का सुझाव है कि जीवन में कई क्षणभंगुर चीजें हैं जो सीधे हमारे इंद्रियों को आकर्षित करती हैं। खुशी, तृप्ति और संतोष की धारणा जो इनके माध्यम से प्राप्त करने की

कोशिश करती है, वह सतही स्तर पर होती है। इसलिए, उन पर हमारा बहुत प्रयास करना सार्थक नहीं हो सकता है। दूसरी ओर, अनन्त सुख, आनंद और तृप्ति की भावना गहरी जड़ें, अधिक शामिल और सूक्ष्म हैं। उन्हें सीधे संवेदी अंगों से अपील करने की तुलना में बहुत अधिक प्रयासों की आवश्यकता होती है। इसलिए, एक बुद्धिमान व्यक्ति इन पर ध्यान केंद्रित करेगा जबकि बाकी लोग ऐसी संभावना पर ध्यान भी नहीं दे सकते हैं।

यह जीवन में विस्तार और सतर्कता के लिए एक दृष्टि विकसित करने के लिए मौलिक बिल्डिंग ब्लॉक है। इस श्लोक के माध्यम से, भगवान कृष्ण ने हमें दिन-प्रतिदिन के स्तर पर और साथ ही दार्शनिक स्तर पर इसे समझने की आवश्यकता की ओर इशारा किया। हमें दोनों स्तरों पर इसे प्राप्त करने के लिए निरंतर प्रयास करने की आवश्यकता है।